Die großen Mächte

Leopold von Ranke

(Editor: Friedrich Meinecke)

Alpha Editions

This edition published in 2022

ISBN : 9789356711297

Design and Setting By
Alpha Editions
www.alphaedis.com
Email - info@alphaedis.com

Contents

Einführung

Rankes Aufsatz »Die großen Mächte«, der zu den Kleinodien unsrer Nationalliteratur gehört, erschien im Jahre 1833 und eröffnete den zweiten Band der von ihm herausgegebenen »Historisch-politischen Zeitschrift«. Er trat mit dieser Zeitschrift aus der Stille der Forschung, in der er bisher gelebt hatte, auf den Kampfesboden der politischen Parteien in Preußen und Deutschland, nicht um sich einem der beiden miteinander ringenden Heerlager anzuschließen, sondern um beiden einen höhern Punkt zu zeigen, von dem aus die beanspruchte Allgemeingültigkeit und dogmatische Sicherheit der hüben und drüben aufgestellten Parteiideale verblassen mußten und viel größere und lebendigere Erscheinungen dem Blicke aufstiegen. Hie Autorität, hie Volkssouveränität, so war nach der Julirevolution der Gegensatz der Meinungen. Alles politische Leben sollte darin aufgehen, sei es den von Gott gewollten, sei es den vom Volke gewollten Staat zu verwirklichen. Im letzten Grunde kämpften dabei die alten und die neuen Schichten der Gesellschaft um die Macht im Staate. Aber sie führten diesen realen Kampf mit einer Ideologie, die das Wesen des Staates selbst gefährdete, schon weil sie den innern sozialen Gegensätzen eine politische Schärfe und geistige Unduldsamkeit gaben, die ihr Zusammenwirken im Dienste des Ganzen unmöglich machten. »Die Extreme geben den Ton an,« schrieb Ranke in dem Plane für die neue Zeitschrift, »das eine vielstimmiger als jemals: trotzig auf die Siege, die es erfochten hat, und auf den Beifall der großen Menge; das andre zwar in heftiger, aber unleugbar schwacher und nur immer aufreizender Opposition. Es sind zwei Schulen, die sich bekämpfen: weit und breit, in mancherlei [S. 4] Nuancen, haben sie den Boden eingenommen. Die Scholastik der mittlern Jahrhunderte beschäftigte sich, die intellektuelle Welt ihren Distinktionen zu unterwerfen: diese neue Scholastik ist bemüht, die reale Welt nach ihren Schulmeinungen einzurichten.« Ranke war nicht gemeint, den Wahrheitsgehalt, den die damalige liberale wie die damalige konservative Staatsansicht in sich hegen mochten, zu bestreiten; nur ihrem Anspruch auf Alleinherrschaft wollte er sich widersetzen. Er wollte ihnen zeigen, daß der Staat nicht nach Schulmeinungen, sondern durch reale Kräfte geschaffen wird, daß es deswegen keinen Normalstaat gibt, sondern daß jeder Staat eine lebendige, individuelle Wesenheit für sich ist, die sich nach eigenen Gesetzen und Bedürfnissen entwickelt. Dies Programm des modernen historischen Realismus wurde damals nur von wenigen verstanden. Aber es wurde von Bismarck in die Tat umgesetzt und ist durch Ranke zur Grundlage alles echten historischen, durch Bismarck zur Grundlage alles unbefangenen politischen Denkens geworden. Neue Schulmeinungen und Ideologien sind seitdem wohl wieder aufgestiegen und haben es zurückdrängen wollen. Die neueste Ideologie dieser Art ist uns im Weltkriege entgegengetreten, wo unsre Gegner aus dem Versuche der alten fundierten Weltmächte, die neue werdende Weltmacht zu unterdrücken, einen Kreuzzug der internationalen Demokratie gegen den rückständigen autoritären Militarismus machen möchten. Aber diese neuen Ideologien sind viel dünner und dürftiger gewebt als die alten, mit denen Ranke und Bismarck sich auseinanderzusetzen hatten. An der Wahrheit der Dinge zerreißen sie. Die damaligen Ideologien waren ganz ehrlich gemeint; an die heutigen können nur die beschränktesten unter unsern Gegnern ehrlich glauben. Die Melodie der Rankeschen »großen [S. 5] Mächte« und ihrer Kämpfe um Existenz, Individualität, Unabhängigkeit und Ausbreitung tönt so gewaltig wie noch nie aus diesem Weltkriege.

Die Rankeschen Lehren sind in Deutschland reicher aufgegangen als in andern Ländern. Man fühlt das dort wohl, aber man macht uns daraus den Vorwurf, daß wir uns einem naturalistischen Kultus der Macht ergeben und die frühere deutsche Geistigkeit eingebüßt hätten. Rankes Aufsatz beleuchtet das wahre Verhältnis der beiden großen, durch die Namen Goethe und Bismarck bezeichneten Epochen unsres modernen Nationallebens und ist ihr organisches Bindeglied. Er zeigt, daß im Völkerleben geistige Werte nicht ohne Machtwerte und dauerhafte Machtwerte nicht ohne geistige Werte erzeugt werden und, um mit ihm zu sprechen, beide »auf das genaueste zusammengehören«. Die Machtpolitik der einzelnen Staaten erscheint in dieser Skizze wie überglänzt von den geistigen Kräften der Nationen.

Ranke gibt in ihr wie überhaupt in seinen Darstellungen der auswärtigen Politik den breitesten Raum. Dabei kommen neben den politischen Momenten die literarischen stärker zum Ausdruck als die wirtschaftlichen und sozialen, die uns heute unentbehrlich scheinen zum vollen Verständnis der Staats- und Nationalentwicklungen. Aber Geschichtschreibung im höhern Sinne ist nun einmal individuelles Bedürfnis und individuelle Kunst. Ebensowenig wie es Normalstaaten gibt, gibt es eine normale Behandlung der Geschichte. Ebenso wie der wirkliche Staat, muß die Geschichtschreibung auf besondern, einheitlichen und fruchtbaren Prinzipien beruhen, muß aber auch dabei wie dieser die Gesamtheit aller Lebensgebiete vor Augen haben. Sie ist, wie der Staat, Individualität, die nach Totalität strebt, aber in [S. 6] den Schranken ihrer Individualität nicht anders kann, als die ihr als Dominanten des Geschehens erscheinenden Dinge herausgreifen und die übrigen Kräfte bald leiser, bald vernehmlicher mitschwingen lassen. Nur so kann die unübersehbare Fülle des Geschehens gemeistert und zu einem Kosmos geordnet werden. Und die Dominante der auswärtigen Politik, die Ranke – sehr schon gegen den Geschmack seiner auf Verfassungsideale erpichten Zeit – herausgriff, hat sich als fruchtbarer erwiesen als jede andre, um das Staatenleben im großen zu verstehen. Es war ein genialer Griff, auszugehen von den ersten und unabweisbarsten

Bedürfnissen der Staaten, von ihren Kämpfen um Existenz und Lebensraum, denn ihre innere Struktur ist zum größern Teile Anpassung an diese Kämpfe. Die Machtbedürfnisse bestimmen wie nichts andres die besondern Verfassungsformen der Staaten.

Es ist hier nicht der Ort, die ideengeschichtliche Genesis der Rankeschen Lehren von der Individualität der Staatspersönlichkeiten und dem Primate der auswärtigen Politik zu zeigen. Man müßte dafür zurückgreifen auf die Romantik, auf Wilhelm von Humboldt und Herder. Unter den Romantikern kommt, wie ich an andrer Stelle gezeigt habe, namentlich Adam Müller als Vorläufer Rankes in Betracht. Insgesamt war diese Entwicklung und Vertiefung der Geschichtsauffassung von Herder zu Ranke hin eine der größten Leistungen des deutschen wissenschaftlichen Geistes. Sie war nicht denkbar ohne das Erwachen der Nationen, ohne die Idee der Nationalität und das neue Licht, das diese Idee auf alle individuellen Erscheinungen im geschichtlichen Leben warf. Tiefer und origineller als irgendwo ist in Deutschland die Nationalität als große I n d i v i d u a l i t ä t begriffen worden. Auch die Bedeutung der Nation für den [S. 7] Staat hat Ranke, wie dieser Aufsatz zeigt, nicht im normalen und schematischen Sinne der Französischen Revolution, sondern ganz individuell und konkret erfaßt, ohne doch das Generelle an ihr dabei zu übersehen. Rankes Geschichts- und Staatsauffassung war aber, über das Zeitalter der Romantik und der Erhebung der Nationen hinüber, auch noch befruchtet durch die Eindrücke und Überlieferungen des Zeitalters vor 1789, der sogenannten Kabinettspolitik. Die »Großen Mächte« erinnern selber an Friedrichs des Großen Jugendschrift *Considérations sur l'état présent du corps politique de l'Europe* von 1738 (nicht 1736, wie Ranke noch annahm), in der auch schon, freilich für rein praktische Zwecke, die Kunst geübt wurde, die individuellen Interessen und Tendenzen der einzelnen Großmächte zu charakterisieren und sie zugleich als Glieder einer einheitlichen Staatenfamilie zu behandeln. Es gab eine ganze Literatur dieser Art im 17. und 18. Jahrhundert, die mit kühler Klugheit und Klarheit die »Interessen der Fürsten« ihrer Zeit studierte und berechnete. Ranke lernte diese Kunst vor allem aus den Relationen der venezianischen Gesandten. An realistischer Menschen- und Weltkenntnis konnte er es bald mit ihnen aufnehmen. Er überflog sie weit, weil er den philosophischen Geist hinzutun konnte, den das Deutschland seiner Jugendzeit erzeugt hatte. Die erhabenen, geheimnisvoll-durchsichtigen Schlußworte des Aufsatzes hätte auch der feinste politische Kopf des *ancien régime* nicht schreiben und empfinden können.

Es steckt unglaublich viel in diesem Aufsatze. Ranke schrieb ihn auf der Jugendhöhe seiner Kraft, reich an schon gewonnener universalhistorischer Anschauung, reicher noch an Ahnungen und Entwürfen für künftige Studien. Alle seine spätern großen Werke, voran die preußische, französische und [S. 8] englische Geschichte, in gewissem Sinne auch die Weltgeschichte, sind schon, wie man mit Recht bemerkt hat, in dieser Skizze keimhaft enthalten. Man muß sie wieder und wieder lesen und erwägen und findet doch immer wieder verborgene Einsichten und Winke, die Ausgangspunkt für ganze Reihen von Studien und Auffassungen geworden sind oder noch werden können. Auch im heutigen Weltmomente, der die Nationen ganz auseinanderzureißen droht, kann uns sein großartiger Optimismus trösten, der das »System des Rechtes« in der europäischen Ordnung der Dinge immer wieder emportauchen, nach immer neuer Vollendung streben sah. Dieser Optimismus entsprang der tiefen Kenntnis der gewaltigen Quadern und Fundamente, die das europäische Gesamtleben trotz aller untereinander geführten Kämpfe um die Macht im Grunde tragen.

Alle Kenntnis der Dinge aber steigert sich bei Ranke zu Anschauung und Mitgefühl, die das Besondre in seinen geheimsten Falten und das Allgemeine in seinen höchsten Beziehungen umfaßt. Weil beides bei ihm in jedem Augenblicke ineinanderlebt, ist auch das Besondre immer etwas von allgemeiner Bedeutung und das Allgemeine niemals eine bloße Abstraktion, sondern nur die höchste der verschiedenen ineinander verkapselten Individualitäten. Und über der höchsten Allgemeinheit der Geschichte, die sich schauen läßt, liegt immer noch ein geistiger Äther philosophisch-religiöser Ahnungen, der alles umhüllt. Keinem Historiker der Welt ist es je gelungen, zugleich so realistisch und so transzendent die Dinge zu behandeln. Man wird einwenden, daß sich die realistischen Bestandteile seiner Geschichtsauffassung als dauerhafter erweisen werden, wie die transzendent-spekulativen. Ohne Zweifel ist auch das geschichtsphilosophische Element in unserm heutigen historischen [S. 9] Denken schon etwas anders zusammengesetzt wie bei Ranke. Aber Rankes Geschichtsphilosophie hat nirgends seinen Realismus beeinträchtigt und war doch, so wie sie war, elastisch, behutsam und gläubig zugleich, notwendig, um einen Realismus von dieser Schärfe und Tiefe hervorzubringen.

Doch wir wollen hier nur erste Andeutungen zum Verständnis Rankes und seiner »Großen Mächte« geben. Im freundlichen Gewande der Inselbücherei, die schon so manche Perlen unsrer Literatur umschließt, werden die »Großen Mächte« hoffentlich Gemeingut aller derer werden, die es mit historisch-politischem Denken ernst nehmen und es nicht nur stofflich bereichern, sondern schulen und verfeinern wollen. Möchten sie auch den historisch-politischen Geschmack überhaupt heben, der heute bei uns nicht auf der Höhe der weltgeschichtlichen Entscheidungen unsrer Tage steht.

Einige Literaturangaben zur Kommentierung der »Großen Mächte« werden vielleicht erwünscht sein. Varrentrapp hat in der Historischen Zeitschrift Bd. 99 (1907) gelehrt und stoffreich über Rankes Historisch-politische Zeitschrift und ihr feudalkonservatives Gegenstück, das Berliner Politische

Wochenblatt, gehandelt. Max Lenz in seinem Büchlein »Die großen Mächte. Ein Rückblick auf unser Jahrhundert« (1900) geht von einer eingehenden Würdigung des Rankeschen Aufsatzes aus, um dann kühn und geistvoll den Versuch Rankes, europäische Geschichte aus der Vogelperspektive zu sehen, für das 19. Jahrhundert fortzusetzen. Die Bedeutung der »Großen Mächte« und der verwandten Aufsätze Rankes für die Geschichte des Nationalstaatsgedankens habe ich in meinem Buche »Weltbürgertum und Nationalstaat« (3. Aufl. 1915) zu zeigen versucht. Wer Rankes Persönlichkeit und geistige Entwicklung kennen lernen will, [S. 10] muß zuerst aus seinen Briefen und autobiographischen Aufzeichnungen schöpfen, die Alfred Dove in Band 53/54 der Werke Rankes herausgegeben hat. Doves eigene Aufsätze über Ranke in seinen »Ausgewählten Schriftchen vornehmlich historischen Inhalts« (1898) sind wohl das Schönste, was über Ranke bisher gesagt worden ist.

Ein Wort von Novalis – auch einem der Denker, die der Rankeschen Geschichtsauffassung vorgearbeitet haben – mag diese Einführung beschließen: »Was bildet den Menschen, als seine Lebensgeschichte? Und so bildet den großartigen Menschen nichts, als die Weltgeschichte.«

Berlin, im August 1916.

Friedrich Meinecke.

[S. 11]

Die großen Mächte

[S. 13] Mit Studien und Lektüre verhält es sich nicht anders als mit den Wahrnehmungen einer Reise, ja mit den Ereignissen des Lebens selbst. So sehr uns das einzelne anziehen und fördern mag, indem wir es genießen, so tritt es doch mit der Zeit in den Hintergrund zurück, verwischt sich, verschwindet; nur die großen Eindrücke, die wir auf einer oder der anderen Stelle empfinden, die Gesamtanschauungen, die sich uns unwillkürlich oder durch besonders aufmerksame Beobachtungen ergaben, bleiben übrig und vermehren die Summe unseres geistigen Besitzes. Die vornehmsten Momente des genossenen Daseins treten in der Erinnerung zusammen und machen ihren lebendigen Inhalt aus.

Gewiß tut man wohl, nach der Lektüre eines bedeutenden Werkes sich die Resultate desselben, soweit man es vermag, abgesondert vorzulegen, die wichtigeren Stellen noch einmal zu übersehen; es ist ratsam, zuweilen die Summe eines mehrere umfassenden Studiums zu ziehen; ich gehe weiter und lade den Leser ein, sich die Ergebnisse einer langen historischen Periode, die nur durch mannigfaltige Bemühungen kennen zu lernen ist – der letzten anderthalb Jahrhunderte –, einmal im Zusammenhange zu vergegenwärtigen.

Ohne Zweifel hat in der Historie auch die Anschauung des einzelnen Momentes in seiner Wahrheit, der besonderen Entwickelung an und für sich einen unschätzbaren Wert; das Besondere trägt ein Allgemeines in sich. Allein niemals läßt sich doch die Forderung abweisen, vom freien Standpunkte aus das Ganze zu überschauen; auch strebt jedermann auf eine oder die andere Weise dahin; aus der Mannigfaltigkeit der einzelnen Wahrnehmungen erhebt sich uns unwillkürlich eine Ansicht ihrer Einheit.

Nur ist es schwer, eine solche auf wenigen Blättern mit gehöriger [S. 14] Rechtfertigung und einiger Hoffnung auf Beistimmung mitzuteilen. Ich will mich jedoch einmal daran wagen.

Denn womit könnte ich einen neuen Band dieser Zeitschrift[1] besser einleiten, als wenn ich einige Irrtümer über den Bildungsgang der modernen Zeiten, die sich fast allgemein verbreitet haben, zu erschüttern vermöchte, wenn es mir einigermaßen gelänge, den Weltmoment, in dem wir uns befinden, deutlicher und unzweifelhafter, als es gewöhnlich geschehen mag, zur Anschauung zu bringen?

Wage ich mich nun an diesen Versuch, so darf ich nicht zu weit zurückgreifen, es wäre sonst notwendig eine Weltgeschichte zu schreiben; auch halte ich mich absichtlich an die großen Begebenheiten, an den Fortgang der auswärtigen Verhältnisse der verschiedenen Staaten; der

Aufschluß für die inneren, mit denen jene in der mannigfaltigsten Wirkung und Rückwirkung stehen, wird darin großenteils enthalten sein.

Die Zeit Ludwigs XIV.

Gehen wir davon aus, daß man in dem sechzehnten Jahrhundert die Freiheit von Europa in dem Gegensatz und dem Gleichgewichte zwischen Spanien und Frankreich sah. Von dem einen überwältigt, fand man eine Zuflucht bei dem andern. Daß Frankreich eine Zeitlang durch innere Kriege geschwächt und zerrüttet war, erschien als ein allgemeines Unglück; wenn man dann Heinrich IV. so lebhaft begrüßte, so geschah dies nicht allein, weil er der Anarchie in Frankreich ein Ende machte, sondern hauptsächlich weil er eben dadurch der Wiederhersteller einer gesicherten europäischen Ordnung der Dinge wurde.

[S. 15] Es ereignete sich aber, daß Frankreich, indem es dem Nebenbuhler allenthalben, in den Niederlanden, in Italien, auf der Halbinsel, die gefährlichsten Schläge beibrachte und die Verbündeten desselben in Deutschland besiegte, hierdurch selber ein Übergewicht an sich riß, größer als jener es in dem Höhepunkte seiner Macht besessen hatte.

Man vergegenwärtige sich den Zustand von Europa, wie er um das Jahr 1680 war.

Frankreich, so sehr dazu geeignet, so lange schon gewohnt, Europa in Gärung zu erhalten, – unter einem Könige, der es vollkommen verstand, der Fürst dieses Landes zu sein, dem sein Adel, nach langer Widerspenstigkeit endlich unterworfen, mit gleichem Eifer am Hof und in der Armee diente, mit dem sich seine Geistlichkeit wider den Papst verbündet hatte, – einmütiger, mächtiger als jemals vorher.

Um das Machtverhältnis einigermaßen zu überblicken, braucht man sich nur zu erinnern, daß zu der nämlichen Zeit, als der Kaiser seine beiden ersten stehenden Regimenter, Infanterie und Kürassiere, errichtete, Ludwig XIV. im Frieden bereits 100000 Mann in seinen Garnisonen und 14000 Mann Garde hielt; daß, während die englische Kriegsmarine in den letzten Jahren Karls II. immer mehr verfiel (sie hatte im Jahre 1678 83 Schiffe gezählt), die französische im Jahre 1681 auf 96 Linienschiffe vom ersten und zweiten Range, 42 Fregatten, 36 Feluken und ebensoviele Brander gebracht ward. Die Truppen Ludwigs XIV. waren die geübtesten, krieggewohntesten, die man kannte, seine Schiffe sehr wohl gebaut; kein anderer Fürst besaß zum Angriff wie zur Verteidigung so wohlbefestigte Grenzen.

Nicht allein aber durch die militärische Macht, sondern noch mehr durch Politik und Bündnisse war es den Franzosen gelungen, die Spanier zu überwältigen. Die Verhältnisse, [S. 16] in welche sie dadurch gelangt waren, bildeten sie zu einer Art von Oberherrschaft aus.

Betrachten wir zuerst den Norden und Osten. Im Jahre 1674 unternahm Schweden einen gefährlichen Krieg, ohne Vorbereitung, ohne Geld, ohne rechten Anlaß, nur auf das Wort von Frankreich und im Vertrauen auf dessen Subsidien. Die Erhebung Johann Sobieskis zur polnischen Krone ward in einem offiziellen Blatte als ein Triumph Ludwigs XIV. angekündigt; König und Königin waren lange im französischen Interesse. Von Polen aus unterstützte man, wenn es über Wien nicht mehr möglich war, die ungarischen Mißvergnügten; die Franzosen vermittelten die Verbindung derselben mit den Türken; denn auf den Diwan übten sie ihren alten, durch die gewöhnlichen Mittel erhaltenen Einfluß ohne Störung. Es war alles e i n System. Eine vorzügliche Rücksicht der französischen Politik bestand darin, den Frieden zwischen Polen und Türken zu erhalten; dazu wurde selbst der Tatarkhan angegangen. Eine andere war, Schweden von den Russen nicht mit Krieg überziehen zu lassen. Kaum machten, sagt Contarini 1681, die Moskowiter Miene, Schweden anzugreifen, das mit Frankreich verbündet ist, so drohten die Türken, mit Heeresmacht in das Land des Zaren einzufallen. Genug, Krieg und Friede dieser entfernten Gegenden hingen von Frankreich ab.

Man weiß, wie unmittelbar, hauptsächlich durch Schweden, das nämliche System Deutschland berührte. Aber auch ohne dies war unser Vaterland entzweit und geschwächt. Bayern und Pfalz waren durch Heiratsverbindungen an den französischen Hof geknüpft, und fast alle übrigen Fürsten nahmen zu einer oder der anderen Zeit Subsidien; der Kurfürst von Köln überlieferte vermöge eines förmlichen [S. 17] Traktates, den er durch verschiedene Scheinverträge verheimlichte, seine Festung Neuß an eine französische Besatzung.

Auch in dem mittleren und dem südlichen Europa war es nicht viel anders. Die Schweizer dienten zuweilen, über 20000 Mann stark, in den französischen Heeren, und von der Unabhängigkeit ihrer Tagsatzungen war bei so starkem öffentlichen, noch stärkerem geheimen Einfluß nicht mehr viel zu rühmen. Um sich Italien offen zu erhalten, hatte Richelieu Pinarolo genommen; noch wichtiger ist Casale, durch welches Mailand und Genua unmittelbar bedroht werden. Jedermann sah, welche Gefahr es wäre, wenn auch dieser Platz in französische Hände komme; jedoch wagte kein Mensch, sich der Unterhandlung, die Ludwig XIV. mit dem Herzoge von Mantua darüber pflog, obwohl sie lange genug dauerte, ernstlich zu widersetzen, und endlich rückte eine französische Besatzung daselbst ein. Wie der Herzog von Mantua waren auch die übrigen italienischen Fürsten großenteils in der Pflicht von Frankreich. Die Herzogin von Savoyen und, jenseit der Pyrenäen, die Königin von Portugal waren Französinnen. Der Kardinal d'Etrées hatte über die eine wie die andere eine so unzweifelhafte Gewalt, daß man gesagt hat, er beherrsche sie despotisch, durch sie die Länder.

Sollte man aber glauben, daß Frankreich indes selbst auf seine Gegner vom Hause Österreich, im Kampf mit denen es eben seine vorherrschende Gewalt erworben hatte, einen entschiedenen Einfluß erwarb? Es verstand, die spanische und die deutsche Linie zu trennen. Der junge König von Spanien vermählte sich mit einer französischen Prinzessin, und gar bald zeigte sich dann die Wirksamkeit des Botschafters von Frankreich auch in den inneren Angelegenheiten [S. 18] von Spanien. Der bedeutendste Mann, den dies Land damals hatte, der zweite Don Juan d'Austria, ward, soviel ich finde, durch die Franzosen in den Mißkredit gebracht, in welchem er starb. Aber auch zu Wien, selbst mitten im Kriege, wußten sie, wiewohl bloß insgeheim, Fuß zu fassen. Nur unter einer solchen Voraussetzung wenigstens glaubte man die Schwankungen des dortigen Kabinetts begreifen zu können. Die Anordnungen des Hofkriegsrates waren, wie Montecuculi klagte, früher zu Versailles bekannt als in dem eigenen Hauptquartier.

Bei diesem Zustande der Dinge hätte wohl vor allen europäischen Staaten England den Beruf gehabt, wie es auch eigentlich allein die Kraft dazu besaß, sich den Franzosen zu widersetzen. Aber man weiß, durch welche sonderbare Vereinigung der mannigfaltigsten Beweggründe der Politik und der Liebe, des Luxus und der Religion, des Interesses und der Intrige Karl II. an Ludwig XIV. gebunden war. Für den König von Frankreich waren diese Bande jedoch noch nicht fest genug. In dem nämlichen Augenblicke ließ er sich angelegen sein, auch die wichtigsten Mitglieder des Parlaments an sich zu ziehen. So independent, so republikanisch gesinnt sie waren, so brauchte er doch nur die nämlichen Mittel anzuwenden. Die Gründe, sagt der französische Gesandte Barrillon von einem derselben, die Gründe, die ich ihm anführte, überzeugten ihn nicht; aber das Geld, das ich ihm gab, das machte ihn sicher. Hierdurch erst bekam Ludwig XIV. England in seine Gewalt. Hätte der König sich von ihm entfernt, so würde derselbe Widerstand im Parlament gefunden haben; sobald das Parlament dem nationalen Widerwillen gegen die Franzosen Raum gab, stellte sich der König entgegen. Ludwigs Politik war, und Barrillon sagt ausdrücklich, es liege demselben am Herzen, [S. 19] eine Vereinigung der Engländer, eine Aussöhnung zwischen König und Parlament zu verhindern. Nur allzuwohl gelang es ihm; die englische Macht ward hierdurch völlig neutralisiert.

Und so war allerdings Europa den Franzosen gegenüber entzweit und kraftlos, ohne Herz, wie ein Venezianer sagt, und ohne Galle. Welch ein Zustand der allgemeinen Politik, daß man es duldete, als Ludwig auf den Antrag eines seiner Parlamentsräte zu Metz jene Reunionskammern einrichtete, vor die er mächtige Fürsten zitierte, um über ihre Rechte an Land und Leute, durch Staatsverträge gewährleistet, wie über Privatrechte von seinen Gerichten entscheiden zu lassen! Welch ein Zustand des Deutschen Reiches, daß es sich Straßburg so gewaltsam, so wider die Natur der Dinge entreißen ließ! Man erlaube mir, anzuführen, wie ein Fremder lange nachher die Eroberung des Elsaß bezeichnet. »Wenn man die Geschichte davon liest,« sagt Young in einer Reisebeschreibung, »so macht sie einen so tiefen Eindruck nicht; daß ich aber, aus Frankreich kommend, über hohe Gebirge mußte und dann in eine Ebene hinabstieg, in der ein von den Franzosen in Sitte, Sprache und Abstammung ganz unterschiedenes Volk wohnt (die Ebene, welche damals erobert wurde), das machte mir Eindruck.« Und eine solche Beleidigung nahm Deutschland hin und schloß darüber einen Stillstand.

Was gab es da noch, das sich Ludwig XIV. nicht hätte erlauben sollen? Ich will nicht dabei verweilen, wie er Genua mißhandelte, wie er seinen Ambassadeur dem Papst zum Trotz mit einer bewaffneten Macht in Rom einrücken ließ; erinnern wir uns nur, wie er selbst seiner Freunde nicht schonte. Er nahm Zweibrücken in Besitz, obwohl es seinem alten Bundesgenossen, dem Könige von Schweden, gehörte; [S. 20] sein Admiral beschoß Chios, weil sich tripolitanische Seeräuber dahin geflüchtet, obgleich die Türken seine Verbündeten waren; einiger Forts, die der englischen Gesellschaft der Hudsonbai gehörten, bemächtigte er sich mitten im Frieden, während des besten Einverständnisses. Jener Königin von Polen versagte Ludwig XIV. eine geringfügige Genugtuung ihres Ehrgeizes. Nachdem er sich Freunde gemacht, durch Geld oder Unterstützung, liebt er es, sie zu vernachlässigen, sei es, um ihnen zu beweisen, daß er sie im Grunde doch nicht brauche, oder in der Überzeugung, die Furcht vor seinem Unwillen allein werde sie in Pflicht halten. In jeder Unterhandlung will er dies sein Übergewicht fühlen lassen. Von einem seiner auswärtigen Minister sagt er selbst: »Ich habe ihn entfernen müssen; denn allem, was durch seine Hand ging, gebrach es an der Großartigkeit und Kraft, welche man zeigen muß, wenn man die Befehle eines Königs von Frankreich ausführt, der nicht unglücklich ist.«

Man darf annehmen, daß diese Gesinnung der vornehmste Antrieb selbst seiner Kriegslust war. Schwerlich war gerade eine ausschweifende Ländergier in ihm; von einer weit um sich greifenden Eroberung war eigentlich nicht die Rede. Wie die Feldzüge selbst nur eben mit zu den Beschäftigungen des Hofes gehören, – man versammelt ein Heer, man läßt es vor den Damen paradieren; alles ist vorbereitet; der Schlag gelingt; der König rückt in die eroberte Stadt ein, dann eilt er zum Hofe zurück, – so ist es hauptsächlich diese triumphierende Pracht der Rückkehr, diese Bewunderung des Hofes, worin er sich gefällt; es liegt ihm nicht soviel an der Eroberung, an dem Kriege, als an dem Glanze, den sie um ihn verbreiten. Nein! einen freien, großen, unvergänglichen Ruhm sucht er nicht; es liegt ihm [S. 21] nur an den Huldigungen seiner Umgebung; diese ist ihm Welt und Nachwelt.

Aber darum war der Zustand von Europa nicht weniger gefährdet. Sollte es einen Supremat geben, so müßte es wenigstens ein rechtlich bestimmter sein. Dies faktisch Unrechtmäßige, das den ruhigen Zustand jeden Augenblick durch Willkür stört, würde die Grundlage der europäischen Ordnung der Dinge und ihrer Entwickelung auflösen. Man bemerkt nicht immer, daß diese Ordnung sich von anderen, die in der Weltgeschichte erschienen sind, durch ihre rechtliche, ja juridische Natur unterscheidet. Es ist wahr, die Weltbewegungen zerstören wieder das System des Rechtes; aber nachdem sie vorübergegangen, setzt sich dies von neuem zusammen, und alle Bemühungen zielen nur dahin, es wieder zu vollenden.

Und das wäre noch nicht einmal die einzige Gefahr gewesen. Eine andere nicht minder bedeutende lag darin, daß ein so entschieden vorherrschender Einfluß einer Nation es schwerlich zu einer selbständigen Entwickelung der übrigen hätte kommen lassen, um so weniger, da er durch das Übergewicht der Literatur unterstützt wurde. Die italienische Literatur hatte den Kreis ihrer originalen Laufbahn bereits vollendet; die englische hatte sich noch nicht zu allgemeiner Bedeutung erhoben; eine deutsche gab es damals nicht. Die französische Literatur, leicht, glänzend und lebendig, in streng geregelter und doch anmutender Form, faßlich für alle Welt und doch von nationaler Eigentümlichkeit, fing an, Europa zu beherrschen. Es sieht beinahe wie ein Scherz aus, wenn man bemerkt hat, daß z. B. das Diktionär der Akademie, in welchem sich die Sprache fixierte, besonders an Ausdrücken der Jagd und des Krieges reich ist, wie sie am Hofe gang und gäbe waren; aber leugnen läßt sich nicht, daß [S. 22] diese Literatur dem Staate völlig entsprach und ein Teil den anderen in der Erwerbung seines Supremats unterstützte. Paris ward die Kapitale von Europa. Es übte eine Herrschaft wie nie eine andere Stadt, der Sprache, der Sitte, gerade über die vornehme Welt und die wirksamen Klassen; die Gemeinschaftlichkeit von Europa fand hier ihren Mittelpunkt. Sehr besonders ist es doch, daß die Franzosen schon damals ihre Verfassung aller Welt angepriesen haben, »den glücklichen Zustand der schutzreichen Untertänigkeit, in dem sich Frankreich unter seinem Könige befinde, einem Fürsten, welcher vor allen verdiene, daß die Welt von seiner Tapferkeit und seinem Verstande regiert und in rechte Einigkeit gebracht werde.«

Versetzt man sich in jene Zeit, in den Sinn eines Mitlebenden zurück, welch eine trübe, beengende, schmerzliche Aussicht! Es konnte doch geschehen, daß die falsche Richtung der Stuarts in England die Oberhand behielt und die englische Politik sich auf ganze Zeiträume hinaus an die französische fesselte. Nach dem Frieden von Nimwegen wurden die lebhaftesten Unterhandlungen gepflogen, um die Wahl eines römischen Königs auf Ludwig XIV. selbst oder doch den Dauphin fallen zu lassen; bedeutende Stimmen waren dafür gewonnen, »denn allein der allerchristlichste König sei fähig, dem Reiche seinen alten Glanz wiederzugeben«; und so unmöglich war es nicht, daß unter begünstigenden Umständen eine solche Wahl wirklich getroffen wurde; wie dann, wenn hernach auch die spanische Monarchie an einen Prinzen dieses Hauses fiel? Hätte zugleich die französische Literatur beide Richtungen, deren sie fähig war, die protestantische so gut wie die katholische, ausgebildet, so würde Staat und Geist der Franzosen sich mit unwiderstehlicher Gewalt Europa unterworfen haben. Versetzt man sich, wie gesagt, in jene [S. 23] Zeit zurück, wodurch würde man glauben, daß einer so unglücklichen Wendung der Dinge Einhalt geschehen könnte?

Gegen den Anwachs der Macht und des politischen Übergewichtes konnten die minder Mächtigen sich vereinigen. Sie schlossen Bündnisse, Assoziationen. Dahin bildete sich der Begriff des europäischen Gleichgewichtes aus, daß die Vereinigung vieler anderen dienen müsse, die Anmaßungen des exorbitanten Hofes, wie man sich ausdrückte, zurückzudrängen. Um Holland und Wilhelm III. sammelten sich die Kräfte des Widerstandes. Mit gemeinschaftlicher Anstrengung wehrte man die Angriffe ab, führte man die Kriege. Allein man würde geirrt haben, wenn man sich hätte überreden wollen, es liege darin eine Abhilfe auf immer. Einem europäischen Bündnisse und einem glücklichen Kriege zum Trotz wurde ein Bourbon König von Spanien und Indien; über einen Teil von Italien sogar breitete sich in dem allmählichen Fortgang der Dinge die Herrschaft dieses Geschlechtes aus.

In großen Gefahren kann man wohl getrost dem Genius vertrauen, der Europa noch immer vor der Herrschaft jeder einseitigen und gewaltsamen Richtung beschützt, jedem Druck von der einen Seite noch immer Widerstand von der andern entgegengesetzt und bei einer Verbindung der Gesamtheit, die von Jahrzehnt zu Jahrzehnt enger und enger geworden, die allgemeine Freiheit und Sonderung glücklich gerettet hat. Da das Übergewicht Frankreichs auf der Überlegenheit seiner Streitkräfte, auf innerer Stärke beruhte, so war ihm nur dadurch wahrhaft zu begegnen, daß ihm gegenüber auch andere Mächte zu innerer Einheit, selbständiger Kraft und allgemeiner Bedeutung entweder zurückkehrten oder aufs neue emporkämen. Überblicken wir in wenigen flüchtigen Zügen, wie dies geschah.

[S. 24]

England, Österreich, Rußland

Zuerst erhob sich England zu dem Gefühle seiner Stärke. Dies war, sahen wir, bisher dadurch zurückgehalten, gebrochen worden, daß Ludwig XIV. zugleich Karl II. und das Parlament bearbeitete und bald den einen, bald das andere für seine Zwecke zu bestimmen wußte. Mit Jakob II. aber stand Ludwig in einem viel vertraulicheren Verhältnis als mit Karl. Wenn nichts anderes, so vereinigte sie schon ihre religiöse Gesinnung, die gemeinschaftliche Devotion. Daß Jakob den Katholizismus so auffallend begünstigte, war einem Fürsten erwünscht, der die Protestanten selber grausam verfolgte. Ludwig ergoß sich in Lob, und der englische Gesandte kann nicht genug sagen, mit welcher Herzlichkeit er sich zu jedem erdenklichen Beistand erboten habe, als Jakob den entscheidenden Schritt getan und die Bischöfe gefangen gesetzt hatte. Aber eben dies bewirkte, daß alle popularen und, da die englische Kirche angegriffen war, selbst die aristokratischen Gewalten sich zugleich ihrem Könige und den Franzosen entgegenwarfen. Es war eine religiöse, nationale und im Interesse des bedrohten Europas unternommene Bewegung, der die Stuarts unterlagen. Eben der leitete sie, der bisher die Seele aller Unternehmungen gegen Frankreich gewesen war, Wilhelm III. Der neue König und sein Parlament bildeten seitdem eine einzige Partei. Es konnte Streitigkeiten, selbst heftige Streitigkeiten zwischen ihnen geben, aber auf die Dauer, in der Hauptsache konnten sie sich nicht wieder entzweien, zumal da der Gegensatz so stark war, den sie gemeinschaftlich erfuhren. Die Parteien, die sich bisher in die Extreme geworfen, um einander von den entgegengesetztesten Standpunkten aus zu befehden, wurden in den Kreis des Bestehenden verwiesen, [S. 25] wo sie freilich auch miteinander stritten, aber sich zugleich miteinander ausglichen, wo ihr Widerstreit zu einem lebendigen Gärungsstoff der Verfassung wurde. Es ist nicht ohne Interesse, diesen Zustand mit dem französischen zu vergleichen. Sie hatten doch vieles gemein. In Frankreich wie in England waren aristokratische Geschlechter im Besitz der Gewalt; die einen wie die anderen genossen einer alle anderen ausschließenden Berechtigung; sie besaßen dieselbe beide vermöge ihrer Religion, die einen durch ihren Katholizismus, die anderen durch ihren Protestantismus. Dabei aber bestand der größte Unterschied. In Frankreich war alles Uniformität, Unterordnung und Abhängigkeit eines reich entwickelten, aber sittlich verderbten Hofwesens. In England ein gewaltiges Ringen, ein politischer Wettkampf zweier fast mit gleichen Kräften ausgerüsteter Parteien innerhalb eines bestimmten, umschriebenen Kreises. In Frankreich schlug die nicht ohne Gewalt gepflanzte Devotion nur zu bald in ihr offenbares Gegenteil um. In England bildete sich eine vielleicht beschränkte, im ganzen männlich selbstbewußte Religiosität aus, die ihre

Gegensätze überwand. Jenes verblutete an den Unternehmungen eines falschen Ehrgeizes; diesem strotzten die Adern von jugendlicher Kraft. Es war, als träte der Strom der englischen Nationalkraft nun erst aus den Gebirgen, zwischen denen er sich bisher zwar tief und voll, aber enge, sein Bette gewühlt, in die Ebene hervor, um sie in stolzer Majestät zu beherrschen, Schiffe zu tragen und Weltstädte an seinen Ufern gründen zu sehen. Das Recht der Geldbewilligung, über welches bisher die meisten Streitigkeiten zwischen dem König und dem Parlament ausgebrochen, fing nun vielmehr an, sie miteinander zu verbinden. Karl II. hatte während des Vierteljahrhunderts seiner Regierung alles in allem [S. 26] dreiundvierzig Millionen Pfund eingenommen. Wilhelm empfing binnen dreizehn Jahren zweiundsiebenzig Millionen Pfund; wie ungeheuer aber stiegen seitdem diese Anstrengungen! Eben darum stiegen sie, weil sie freiwillig waren, weil man sah, daß ihr Ertrag nicht dem Luxus weniger Hofleute, sondern dem allgemeinen Bedürfnis diente. Da war das Übergewicht der englischen Marine nicht lange zweifelhaft. Im Jahre 1678 war es als ein blühender Zustand der königlichen Flotte erschienen, daß sie, die Brander eingeschlossen, 83 Kriegsschiffe zählte, mit einer Bemannung von 18323 Mann. Im Dezember 1701 besaß man dagegen, Brander und kleinere Fahrzeuge ausgeschlossen, 184 Schiffe vom ersten bis sechsten Range mit einer Bemannung von 53921 Mann. Wenn, wie man glaubt, der Ertrag des Postwesens einen Maßstab für den inneren Verkehr abgibt, so muß man sagen, daß auch dieser ungemein gestiegen war. Im Jahre 1660 soll die Post 12000 Pfund, im Jahre 1699 dagegen 90504 Pfund Sterling abgeworfen haben. Man hat gleich damals bemerkt, daß das eigentliche nationale Motiv zu dem Spanischen Erbfolgekriege die Besorgnis war, Frankreich und Spanien vereinigt möchten den westindischen Verkehr den Engländern und Holländern wieder entreißen. Hätte auch sonst der Friede, den man zuletzt schloß, den Tadel verdient, den die Whigs so lebhaft über denselben aussprachen, so hat er doch diese Furcht beseitigt. Nichts bezeichnet mehr das Übergewicht der Engländer über die bourbonischen Mächte, als daß sie Gibraltar behaupteten. Den besten Verkehr mit den spanischen Kolonien brachten sie nunmehr sogar durch Vertrag an sich, indes die eigenen sich in ungeheuerem Fortschritt ausbreiteten. Wie Batavia vor Kalkutta, so verschwand seitdem der alte maritime Glanz von Holland vor [S. 27] dem englischen, und schon Friedrich der Große fand zu bemerken, Holland folge dem Nachbar wie ein Boot seinem Schiff. Die Vereinigung mit Hannover brachte ein neues, kontinentales, nicht minder antifranzösisches Interesse hinzu. In dieser großen Bewegung erhob sich die englische Literatur zuerst zu europäischer Wirksamkeit, und sie fing an, mit der französischen zu wetteifern. Naturforschung und Philosophie, diese sowohl in der einen als in der anderen ihrer Richtungen, brachten eine neue und originale Weltansicht hervor, in der jener die Welt übermeisternde Geist sich selber faßte und widerspiegelte. Zwar würde man zu viel behaupten, wenn man den Engländern die Schöpfung vollendeter, in der Form unvergänglicher Denkmale der Poesie oder der Kunst in dieser Zeit zuschreiben wollte; aber herrliche Genies hatten sie auch damals, und längst besaßen sie wenigstens einen großen Dichter, dessen Werke – für alle Zeiten faßlich und wirksam, wie sie sind – Europa nun erst kennen lernte. Hatten sie eine Zeitlang französische Formen nicht verschmäht, so nahm man nun an den ausgezeichnetsten Franzosen die Wirkung ihres Geistes und ihrer Wissenschaft wahr.

Dergestalt setzte sich Ludwig XIV. jenem Nebenbuhler, dessen er durch Politik oder den Einfluß der Religion Herr zu werden gehofft hatte, mächtiger in sich, großartiger und gefährlicher, als man irgend hatte erwarten können, entgegen. Alle maritimen Beziehungen, alle Verhältnisse des europäischen Westens wurden dadurch von Grund aus verändert.

Indessen war zur nämlichen Zeit auch der Osten umgestaltet.

Ich kann die Meinung nicht teilen, daß das deutsche Österreich in der Bedeutung, in der wir es erblicken, eine alte [S. 28] Macht zu nennen sei. Während des Mittelalters hätte es ohne das Kaisertum nur wenig zu sagen gehabt. Dann ward es von der spanischen Monarchie zugleich mit fortgezogen und in Schatten gestellt; am Ende des sechzehnten Jahrhunderts war es durch den Zwiespalt der Religion und die erblichen Berechtigungen der Stände in seinen verschiedenen Landschaften alles auswärtigen Ansehens entkleidet worden; im Anfang des Dreißigjährigen Krieges mußten deutsche Heere dem Kaiser sein Erbland wiedererobern. Selbst der Glanz, den die wallensteinischen Unternehmungen auf Ferdinand II. warfen, war doch nur vorübergehend; und welche gewaltsame Rückwirkung riefen sie nicht hervor! Wie oft wurden seitdem die Hauptstädte österreichischer Provinzen von den schwedischen Heeren bedroht! Jedoch gelang es eben damals dem Hause Österreich, durch die Vernichtung seiner Gegner, die Erhebung seiner Anhänger, die endliche Befestigung des Katholizismus seine Macht im Innern auf immer zu begründen. Es war der erste Schritt zu dem Ansehen, das es in neuerer Zeit erworben hat. Zu einer selbständigen und europäisch bedeutenden Macht wurde aber Österreich erst durch die Wiedereroberung von Ungarn. Solange Ofen in den Händen der Türken war, konnten die Franzosen Österreich bedrohen, ja außerordentlich gefährden, sooft es ihnen gefiel, ihren Einfluß auf den Diwan dahin zu verwenden. Haben sie den Zug Kara Mustaphas im Jahre 1683 auch nicht veranlaßt, so haben sie doch darum gewußt. Ihre Absicht war dabei nicht, Deutschland oder die Christenheit zu verderben; so weit gingen sie nicht; aber Wien wollten sie nehmen, die Türken wollten sie selbst bis an den Rhein vordringen lassen. Dann wäre Ludwig XIV. als der einzige Schirm der Christenheit hervorgetreten; in der Verwirrung, die eine [S. 29] solche Bewegung hätte hervorbringen müssen, würde es ihm nicht haben fehlen können, über die deutsche Krone zu verfügen und sie, wenn er nur wollte, selbst an sich zu nehmen.

Unter den Mauern von Wien schlug dieser Plan fehl. Es war die letzte große Anstrengung der Türken, die um so verderblicher auf sie zurückwirkte, da sie alle ihre Kräfte dazu in barbarischem Übermaße aufgewendet hatten. Seitdem wichen denn vor den deutschen Kriegsscharen, welche, wie ein Italiener sagt, »wie eine starke, undurchdringliche Mauer« vorrückten, die ungeordneten türkischen Haufen allenthalben zurück; vergebens erklärte ein Fetwa des Mufti, daß Ofen der Schlüssel des Reiches und die Verteidigung dieses Platzes eine Glaubenspflicht sei; es ging doch verloren; ganz Ungarn ward wiedererobert und zu einem erblichen Reiche gemacht. Die Mißvergnügten unterwarfen sich; in die Grenzen von Niederungarn rückte eine Raizische Bevölkerung ein, um dieses fortan wider die Türken zu verteidigen. Seitdem hatte Österreich eine ganz andere Grundlage als früher. Sonst wurden alle Kriege in Ungarn von deutschen Heeren geführt, und man sagte, alle dortigen Flüsse seien mit deutschem Blute gefärbt; jetzt erschienen die Ungarn als der Kern der österreichischen Heere in den deutschen Kriegen. Nun war es der französischen Diplomatie nicht mehr möglich, die Türken bei jedem leichten Anlaß in das Herz der Monarchie zu rufen; nur noch einmal fand sie bei den Mißvergnügten Beistand und Hilfe; endlich war alles ruhig; eben auf diejenige Provinz, die ihn bisher am meisten gefährdet hatte, gründete seitdem der Kaiser seine Gewalt.

Man sieht von selbst, welch eine Veränderung die Befestigung dieser stabilen, reichen, wohlbewaffneten Macht, welche die [S. 30] Türken in Zaum, ja in Furcht hielt, in den Verhältnissen des europäischen Ostens hervorbringen mußte.

Ludwig XIV. erlebte wenigstens den Anfang noch einer anderen.

Die Zustände von Polen, durch die es ihm leicht wurde, in diesem Lande immer eine Partei zu haben, die Macht von Schweden, das durch Herkommen und alten Bund wenigstens in der Regel an ihn geknüpft war, gaben ihm ohne viel Anstrengung ein entschiedenes Übergewicht in dem Norden. Karl XII. machte darin keine Änderung. Es war einer seiner ersten Entschlüsse, wie er zu seinem Kanzler sagte, »schlechterdings die Allianz mit Frankreich abzuschließen und zu dessen Freunden zu gehören.« Es ist wahr, der Spanische Erbfolgekrieg und der Nordische, die hierauf fast zu gleicher Zeit begannen, hatten keinen vorausbedachten, durch Unterhandlungen vermittelten Zusammenhang, obwohl man ihn oft vermutete; aber die schwedischen Unternehmungen kamen den Franzosen durch ihren Erfolg zustatten; in der Tat hatten die Begebenheiten eine gleichartige Tendenz. Während die spanische Sukzession dienen sollte, den Bourbonen den Süden von Europa in die Hände zu liefern, waren die alten Verbündeten der Bourbonen, die Schweden, nahe daran, die Herrschaft in dem Norden völlig an sich zu bringen. Nachdem Karl XII. die Dänen überfallen und zum Frieden gezwungen, nachdem er Polen erobert und einen König daselbst gesetzt, nachdem er die Hälfte von Deutschland, das in seinem Osten nicht viel besser befestigt war, als in seinem Westen, durchzogen und Sachsen eine Zeitlang innegehabt, blieb ihm zur Befestigung seiner Suprematie nichts mehr übrig, als den Zaren, den er schon einmal geschlagen, völlig zu vernichten. Dazu brach er mit seinem in Sachsen verjüngten Heere auf. Der Zar [S. 31] hatte sich indes mit großer Anstrengung gerüstet. Es kam zu dem entscheidenden Kampfe des Jahres 1709. Sie begegneten einander noch einmal, diese beiden nordischen Heroen, Karl XII. und Peter I., originale Geburten germanischer und slawischer Nationalität. Ein denkwürdiger Gegensatz. Der Germane großgesinnt und einfach, ohne Flecken in seinem Lebenswandel, ganz ein Held, wahr in seinen Worten, kühn in seinem Vornehmen, gottesfürchtig, hartnäckig bis zum Eigensinn, unerschütterlich. Der Slawe, zugleich gutmütig und grausam, höchst beweglich, noch halb ein Barbar, aber mit der ganzen Leidenschaftlichkeit einer frischen lernbegierigen Natur den Studien und Fortschritten der europäischen Nationen zugewandt, voll von großen Entwürfen und unermüdlich, sie durchzusetzen. Es ist ein erhabener Anblick, den Kampf dieser Naturen wahrzunehmen. Man könnte zweifeln, welches die vorzüglichere war; so viel ist gewiß, daß sich die größere Zukunft an die Erfolge des Zaren knüpfte. Während Karl für die wahren Interessen seiner Nation wenig Sinn zeigte, hatte Peter die Ausbildung der seinigen, die er selbst vorbereitet und begonnen, an seine Person geknüpft und ließ dieselbe sein vornehmstes Augenmerk sein. Er trug den Sieg davon. In dem Berichte, den er über die Schlacht von Pultawa an seine Leute ergehen ließ, fügte er in einer Nachschrift hinzu, »damit sei der Grundstein zu St. Petersburg gelegt.« Es war der Grundstein zu dem ganzen Gebäude seines Staates und seiner Politik. Seitdem fing Rußland an, in dem Norden Gesetze zu geben. Es wäre ein Irrtum, wenn man glauben wollte, es hätte dazu einer langen Entwickelung bedurft; es geschah vielmehr auf der Stelle. Wie hätte auch August II. von Polen, der seine Herstellung einzig und allein den Waffen der Russen verdankte, sich ihrem Einfluß [S. 32] entziehen können? Aber überdies mußte er in den inneren Entzweiungen, im Kampfe mit seinem Adel, ihre Hilfe aufs neue in Anspruch nehmen. Hierdurch ward Peter I. unmittelbarer Schiedsrichter in Polen, mächtig über beide Parteien; um so gewaltiger, da die Polen ihre Armee um drei Vierteile verminderten, während die seinige immer zahlreicher, geübter und furchtbarer wurde. Der Zar, sagt ein Venezianer im Jahre 1717, welcher sonst Gesetze von den Polen empfangen hat, gibt deren jetzt ihnen nach seinem Gutdünken mit unbeschränkter Autorität. Notwendigerweise hörte seitdem der Einfluß der

Franzosen in Polen mehr und mehr auf; sie vermochten ihre Thronkandidaten nicht mehr zu befördern, selbst wenn sie den Adel für sich hatten. Indessen war Schweden durch eben diese Ereignisse entkräftet und herabgebracht worden. Noch in seinen letzten Tagen hatte Ludwig XIV. dieser Krone alle ihre Besitzungen garantiert; nichtsdestominder war sie zuletzt eines bedeutenden Teiles derselben verlustig gegangen. Wohl behaupteten die Franzosen ihren Einfluß in Stockholm. Man klagte dort 1756, Schweden werde von Paris aus regiert, wie eine französische Provinz. Aber wie gesagt, Schweden war ganz unbedeutend geworden. Es waren armselige innere Entzweiungen der Mützen und Hüte, auf die man Einfluß hatte. Wenn man sie ein paarmal benutzte, um einen Krieg gegen Rußland hervorzurufen, so war das eher ein Nachteil; man gab diesem Reiche nur Gelegenheit zu neuen Siegen und Vergrößerungen.

Und so war der Norden unter eine ganz andre Herrschaft geraten als die mittelbare von Frankreich; eine große Nation trat dort in eine neue, eine eigentlich europäische Entwickelung ein. In dem Osten war der französische Einfluß zwar nicht verschwunden; aber er hatte daselbst, obwohl Österreich [S. 33] unter Karl VI. schwach genug wurde, doch lange nicht mehr die alte Bedeutung. Die See war in den Händen des Nebenbuhlers; die vorteilhafte Verbindung, welche Frankreich über Cadiz mit dem spanischen Amerika angefangen, duldete oder unterbrach derselbe nach seiner Konvenienz.

In dem südlichen Europa dagegen, durch das natürliche Einverständnis der bourbonischen Höfe, das nach kurzer Unterbrechung bis zu gemeinschaftlichen Plänen hergestellt worden war, und in Deutschland hatte Frankreich noch immer ein großes Übergewicht.

Vor allem in Deutschland.

Es existieren Betrachtungen über den politischen Zustand von Europa vom Jahre 1736, die uns die Lage, besonders der deutschen Angelegenheiten, kurz vor dem österreichischen Sukzessionskriege geistreich und bündig schildern. Wenn der Verfasser zugibt, daß Kaiser Karl VI. seine Macht im Reiche zu erweitern, die Verfassung monarchischer zu machen bemüht sei, daß derselbe sogar durch seine Verbindung mit den Russen, die schon damals an dem Rhein erschienen, einigen Artikeln seiner Kapitulation zuwidergehandelt habe, so findet er doch auf dieser Seite die Gefahr so groß nicht; der letzte Krieg, meint er, habe die Schwäche des kaiserlichen Hofes offenbart; in dem Stolze und der Gewaltsamkeit, mit denen derselbe seine Pläne durchzusetzen suche, liege ein Heilmittel gegen sie. Hüten wir uns dagegen, ruft er aus, vielmehr vor denen, die durch geheime Kunstgriffe, durch einschmeichelnde Manieren und eine erdichtete Güte uns in die Sklaverei zu bringen suchen. Er findet, daß Kardinal Fleury, damals Premierminister von Frankreich, obwohl er die Miene außerordentlicher

Mäßigung annehme, dessenungeachtet und zwar gerade unter diesem Scheine die Pläne eines Richelieu und Mazarin verfolge. Durch anscheinende [S. 34] Großmut schläfere er seine Nachbarn ein; er leihe gleichsam seinen sanften und ruhigen Charakter für die Politik seines Hofes her. Mit wie viel Klugheit, ohne Aufsehen und Lärm, habe er Lothringen an Frankreich zu bringen gewußt; – um die erwünschte Rheingrenze zu erobern, woran nicht gar viel fehle, erwarte er nur die Verwirrungen, die der Tod des Kaisers unfehlbar nach sich ziehen müsse.

Im Jahre 1740 starb Karl VI. Kardinal Fleury ließ sich sogar zu noch kühneren Schritten fortreißen, als man ihm zugetraut hatte. Er sagte geradeheraus, er wolle den Gemahl der Maria Theresia nicht zum Nachfolger ihres Vaters, weil derselbe schlecht französisch gesinnt sei; er vor allen war es, der Karl VII. von Bayern die deutsche Krone verschaffte; er faßte den Plan, in Deutschland vier, ungefähr gleich mächtige Staaten nebeneinander zu errichten, das Haus Österreich ziemlich auf Ungarn einzuschränken, Böhmen dagegen an Bayern, Mähren und Oberschlesien an Sachsen zu bringen, Preußen mit Niederschlesien zu befriedigen; wie leicht hätte über vier solche Staaten, die sich ihrer Natur nach niemals miteinander verstanden haben würden, Frankreich dann eine immerwährende Oberhoheit behauptet!

Preußen

In diesem Moment einer augenscheinlichen wahren Gefahr des deutschen Vaterlandes, das damals weder mächtige Staaten hatte, noch durch Taten ausgezeichnete Männer, noch ein ausgesprochenes festes Nationalgefühl, – keine Literatur, keine Kunst und eigene Bildung, die es dem Übergewichte der Nachbarn hätte entgegensetzen können, trat Friedrich II. auf, erhob sich Preußen.

Es ist hier nicht der Ort, weder den Fürsten zu schildern, [S. 35] noch den Staat, den er fand, den er bildete; auch möchten wir es uns nicht so leicht getrauen, die ursprüngliche Kraft des einen und des anderen und die Fülle des Daseins, die sie entfalteten, darzustellen; suchen wir uns nur ihre Weltstellung zu vergegenwärtigen.

Dann müssen wir allerdings zugestehen, daß die erste Bewegung Friedrichs von der Richtung, welche die französische Politik gleich nach dem Tode Karls VI. einschlug, unterstützt wurde. Allein sollte er sich viel weiter mit derselben einlassen? Er selber ist es, der als Kronprinz und noch entfernt von eigentlichen Geschäften jene Betrachtungen, von denen ich eben eine Idee zu geben suchte, aufgesetzt hatte; sie sind, wie man sieht, ganz wider die französische Politik gerichtet. Die Gefahr, welche von dieser Seite her über Deutschland schwebte, sah er so deutlich, empfand er so lebhaft als irgend möglich. Eben deshalb aber hatte er seinen Krieg ganz auf eigene Hand unternommen; er wollte nie, daß der Erfolg seiner Waffen den Franzosen förderlich würde. Mit welchem Ernst erklärte er ihrem Gesandten, er sei ein deutscher Fürst; er werde ihre Truppen nicht länger auf deutschem Boden dulden, als das Wort der Verträge besage. In dem Spätjahre 1741 hätte es nicht so unmöglich scheinen sollen, Österreich völlig herabzubringen. Böhmen und Oberösterreich waren nicht viel minder in feindlichen Händen als Schlesien; Wien war so gut bedroht wie Prag; wenn man diese Angriffe mit angestrengten Kräften fortgesetzt hätte, wer will sagen, wozu es hätte kommen können? Ich will es Friedrich nicht als Großmut anrechnen, daß er diesen letzten Schritt vermied; er wußte am besten, daß es sein Vorteil nicht gewesen wäre, Frankreich des alten Gegners zu entledigen. Als er die Königin von Ungarn am Rande des Verderbens sah, wollte er sie [S. 36] Atem schöpfen lassen; er sagt es selbst; mit Bewußtsein hielt er inne und ging seinen Stillstand ein. Sein Sinn war, weder von Frankreich noch von Österreich abzuhängen; völlig frei wollte er sich fühlen und zwischen ihnen eine unabhängige, auf eigene Kraft gegründete Stellung einnehmen. In diesem einfachen Vorhaben liegt der Aufschluß für seine Politik während der Schlesischen Kriege. Nie ward eine Erwerbung mit eifersüchtigerer Wachsamkeit behauptet als die seinige. Er mißtraut den Freunden nicht minder als den Feinden; immer hält er sich gerüstet und schlagfertig; sobald er sich im Nachteil glaubt, sobald er die Gefahr nur von fern kommen sieht, greift er zu den Waffen; sowie er im Vorteil ist, sowie er den Sieg erfochten hat, bietet er die Hand zum Frieden. Wenn es sich versteht, daß es ihm nicht beikommen konnte, sich einem fremden Interesse zu widmen, so hat er doch auch sein eigenes ohne Übertreibung, ohne Selbstverblendung vor Augen; nie sind seine Forderungen übermäßig; nur das Nächste bezwecken sie; dabei aber will er bis zum Äußersten festhalten.

Indessen konnte wohl diese so unerwartet emporgekommene Unabhängigkeit, die eine kühne und trotzige Stellung einnahm, nicht anders als das Mißfallen, die Feindseligkeit der Nachbarn erregen.

Man begreift es, wenn Maria Theresia den Verlust einer reichen Provinz nicht sogleich verschmerzte und die Erhebung eines so glücklichen und geschickten Nebenbuhlers im Reiche mit Mißbehagen ansah. Aber auch in das nördliche System griff das Ansehen von Preußen bedeutend ein; daß es einen übrigens sehr unschuldigen Traktat zur Behauptung des Gleichgewichts im Norden mit Schweden und Frankreich eingegangen, erweckte ihm den ganzen Haß einiger russischen Minister, die ihre Suprematie im Norden bedroht glaubten.

[S. 37] Billig hätte der König um so mehr eine Stütze an Frankreich finden sollen. Aber daß er nicht wie Schweden zu regieren war, daß er sich erdreistete, eine freie selbständige Politik zu befolgen, zog ihm den Unwillen auch des Hofes von Versailles zu; obwohl dieser Hof sehr gut sah, was es auf sich habe, so beschloß er doch, sein ganzes System zu ändern und sich nunmehr an Österreich anzuschließen. Die öffentliche Meinung stimmte in einer jener plötzlichen Aufwallungen, die ihr besonders in Frankreich so eigen sind, dem Traktate freudig bei. So gelang es der Kaiserin, die beiden großen Kontinentalmächte mit sich zu vereinigen; minder Mächtige, die Nachbarn in Sachsen, Pommern, gesellten sich zu ihnen; es war ein Bund im Werke, nicht viel anders, als wie er nach Karls VI. Tode wider Österreich geschlossen worden war, und durch die Teilnahme von Rußland sogar noch stärker; von einer Teilung der preußischen Staaten war nicht minder die Rede, als früher von einer Teilung der österreichischen, und nur über der See fand Friedrich Verbündete – die nämlichen, die es damals mit Österreich gehalten hatten.

Im Besitz einer trotz der neuen Erwerbung doch nur sehr mäßigen, diesem Bunde gegenüber unbedeutenden Macht sollte er fähig sein, sollte er es nur wagen, den Kampf mit demselben zu bestehen?

Er hatte, wie bekannt, den Wiener Hof um eine kategorische Erklärung über dessen Rüstungen ersucht. »Wenn sie nur einigermaßen genugtuend ausfällt,« sagte er einem seiner Minister, »so marschieren wir nicht.« Endlich kam der erwartete Kurier. Es fehlte viel, daß die Antwort ausreichend gewesen wäre. »Das Los ist geworfen,« sagte er, »morgen marschieren wir!«

So stürzte er sich mutig in diese Gefahr; er suchte sie auf, [S. 38] er rief sie fast selbst hervor; aber erst mitten darin lernte er sie völlig kennen.

Wenn jemals ein Ereignis auf einer großen Persönlichkeit beruht hat, so ist es das Ereignis des Siebenjährigen Krieges.

Die Kriege unserer Zeit pflegen durch wenige entscheidende Schläge zu Ende gebracht zu werden; frühere dauerten länger; doch stritt man mehr über Forderungen und Ansprüche als über die Summe der Existenz, über das Sein oder Nichtsein der Staaten selbst. Der Siebenjährige Krieg unterscheidet sich dadurch, daß bei so langer Dauer doch jeden Augenblick die Existenz von Preußen auf dem Spiele stand. Bei dem Zustande der Dinge, der allgemeinen Feindseligkeit bedurfte es nur eines einzigen unglücklichen Tages, um diese Wirkung hervorzubringen. Vollkommen fühlte dies Friedrich selbst. Nach der Niederlage von Kollin rief er aus: »Es ist unser Pultawa!« Und wenn sich ihm dies Wort glücklicherweise nicht erfüllt hat, so ist doch wahr, daß er sich seitdem von Moment zu Moment vom Untergange bedroht sah.

Ich will nicht berühren, welche Hilfsquellen ihm in einer so verzweifelten Lage sein militärisches Genie, die Tapferkeit seiner Truppen, die Treue seiner Untertanen oder zufällige Umstände dargeboten haben. Die Hauptsache ist, daß er sich moralisch aufrechterhielt.

Nur zu leichten Geistesübungen, zu flüchtiger Poesie, zu akademischen Arbeiten hatte ihn die französische Philosophie angeleitet; eher zum Genuß des Lebens, solange es dauert, schien sie ihn einzuladen, als zu so gewaltigen Anstrengungen. Aber wir dürfen sagen, daß der wahre Genius selbst von der irrigen Lehre unverletzt bleibt. Er ist sich seine eigene Regel; er ruht auf seiner eigenen Wahrheit; es gehört nur [S. 39] dazu, daß ihm diese zum Bewußtsein komme; dafür sorgt dann das Leben, die Anstrengung einer großen Unternehmung; das Unglück macht ihn reif.

Ein großer Feldherr war Friedrich II. längst; die Unfälle, die er erlitt, machten ihn zum Helden. Der Widerstand, den er leistete, war nicht allein militärisch; es war zugleich ein innerer, moralischer, geistiger; der König führte diesen Krieg fortwährend in Überlegung der letzten Gründe der Dinge, in großartiger Anschauung der Vergänglichkeit alles irdischen Wesens.

Ich will seine Gedichte nicht als ausgezeichnete Werke poetischer Kraft rühmen; in solcher Hinsicht mögen sie manche Mängel haben; aber diejenigen wenigstens, welche während der Wechselfälle dieses Krieges entstanden sind, haben einen großartigen Schwung einfacher Gedanken; sie enthüllen uns die Bewegungen einer männlichen Seele in Bedrängnis, Kampf und Gefahr. Er sieht sich »mitten im tobenden Meer; der Blitz streift durch das Ungewitter; der Donner«, sagt er, »entladet sich über mein Haupt; von Klippen bin ich umgeben; die Herzen der Steuernden sind erstarrt; die Quelle des Glücks ist ausgetrocknet, die Palme verschwunden, der Lorbeer verwelkt.« Zuweilen mag er wohl in den Predigten des Bourdaloue einen Anhalt, eine Stärkung gesucht haben; häufiger wendete er sich zu der Philosophie der Alten. – Jedoch das dritte Buch des Lukrez, das er so oft studiert hat, sagte ihm nur, daß das Übel notwendig und kein Heilmittel dagegen möglich sei. Er war ein Mann, dem selbst aus dieser harten, verzweiflungsvollen Lehre erhabene Gedanken hervorgingen. Dem Tode, den er sich oft gewünscht auf dem Schlachtfelde gefunden zu haben, sah er auch auf eine andere Weise ohne Scheu geradezu ins Auge. Wie er seine Feinde gern mit den [S. 40] Triumvirn verglich, so rief er die Manen des Kato und des Brutus auf und war entschlossen, ihrem Beispiel zu folgen. Doch war er nicht ganz in dem Falle dieser Römer. Sie waren in den Gang eines allgemeinen Weltgeschickes verflochten – Rom war die Welt – ohne anderen Rückhalt als die Bedeutung ihrer Person und der Idee, für die sie sich schlugen; er aber hatte ein eigenes Vaterland zu vertreten und zu verfechten. Wenn irgendein besonderer Gedanke auf ihn gewirkt hat, so würden wir sagen, daß es dieser Gedanke an sein Land, an sein Vaterland gewesen ist. Wer schildert ihn uns nach der Kunersdorfer Schlacht, wie er den Umfang seines Unglücks und die Hoffnungslosigkeit seines Zustandes ermaß, wie er bei dem Haß und dem Glücke seiner Feinde alles für verloren hielt, wie er dann für sein Heer und sein Land nur einen einzigen Ausweg sah und den Entschluß faßte, diesen zu ergreifen, sich aufzuopfern, – bis sich ihm denn doch allmählich die Möglichkeit eines erneuten Widerstandes zeigte und er sich dieser fast hoffnungslosen Pflicht aufs neue widmete. Unmöglich konnte er sein Land, wie er es so lange sehen mußte, zurücklassen, »von den Feinden überschwemmt, seiner Ehre beraubt, ohne Hilfsquellen, in lauter Gefahr«; »dir«, sagte er, »will ich die Reste meines unheilvollen Lebens widmen; ich will mich nicht in fruchtlosen Sorgen verzehren; ich werfe mich wieder in das Feld der Gefahr.« »Setzen wir uns«, ruft er dann seinen Truppen zu, »dem Geschick entgegen; mutig auf wider so viele, miteinander verschworene, vor Stolz und Vermessenheit trunkene Feinde!« So hielt er aus. Endlich erlebte er doch den Tag des Friedens. »Die Standhaftigkeit«, sagt er am Schluß seiner Geschichte dieses Krieges, »ist es allein, was in den großen Geschäften aus Gefahren zu erretten vermag.« Ungeschmälert behauptete [S. 41] er sein Land, und von dem Moment, daß er sich wieder den Herrn desselben wußte, ließ er seine vornehmste, seine einzige Sorge sein, die Wunden zu heilen, die der Krieg ihm geschlagen.

Wenn es als der Begriff einer großen Macht aufgestellt werden könnte, daß sie sich wider alle anderen, selbst zusammengenommen, zu halten vermögen müsse, so hatte Friedrich Preußen zu diesem Range erhoben. Seit den Zeiten der sächsischen Kaiser und Heinrichs des Löwen zum ersten Male sah man im nördlichen Deutschland eine selbständige, keines Bundes bedürftige, auf sich selber angewiesene Macht.

Es erfolgte, daß Frankreich von dem an in deutschen Angelegenheiten wenig oder nichts vermochte. Mit einer Opposition, wie es sie in dem österreichischen Erbfolgekriege erweckt oder begünstigt hatte, war es völlig vorbei. Hatte Preußen sich emanzipiert, so hatten Bayern und Sachsen sich wieder an Österreich angeschlossen.

Auch war so bald an keine Erneuerung dieses Verhältnisses zu denken; Frankreich selbst hatte sie dadurch verhindert, daß es in jene enge und genaue Allianz mit Österreich getreten war, die den Siebenjährigen Krieg herbeiführte. Ich will nicht untersuchen, inwiefern dieses Bündnis alle die anderen Folgen gehabt hat, welche die Franzosen, wenigstens nicht ohne Übertreibung, ihm zuschreiben; aber gewiß ist, daß Frankreich seine bisherige Stellung, kraft deren es die deutsche Opposition begünstigt hatte, hierdurch selber aufgab, daß »von diesem Augenblicke an«, wie dort gesagt, »der König von Preußen zum Nachteil der französischen Suprematie auf dem Kontinent der Beschützer der deutschen Freiheiten wurde.« Man glaube nicht, daß Österreich den Franzosen ihren alten Einfluß gestattet habe. Noch als [S. 42] Koregent und von allem Anfang ließ Joseph II. erklären, er halte die Rechte der kaiserlichen Krone für heilig; er bitte sich aus, daß man ihm nicht daran rühre, wenn man mit ihm gut stehen wolle. Es war schon damals zu erkennen, daß der wahre Schutz der politischen Unabhängigkeit von Deutschland in einer freien und fest begründeten Vereinigung dieser beiden Mächte gegen das Ausland bestehe.

Diese große Veränderung bekam jedoch erst dadurch ihre volle Bedeutung, daß zugleich in der Literatur eine Befreiung der Nation von den französischen Vorbildern und ihrer falschen Nachahmung erfolgte. Ich will nicht sagen, daß sich unsere Nation nicht auch bisher geistiger Unabhängigkeit in einem gewissen Grade erfreut hätte. Am meisten lag dieselbe wohl in der Ausbildung des theologischen Systems, welches alle Geister ergriffen hatte und in der Hauptsache ursprünglich deutsch war. Allein einmal war es doch nur ein Teil der Nation, dem es angehörte; sodann in welch seltsame, scholastische Form fand sich hier die reine, ideale, innerliche Erkenntnis der Religion eingezwängt! Man kann die Tätigkeit und den teilweisen Erfolg nicht verkennen, mit denen in manchen anderen Wissenschaften gearbeitet wurde; aber sie hatten sich alle der nämlichen Form unterwerfen müssen; in verwickelten Lehrgebäuden, für die Überlieferung des Katheders, selten für eigentlich geistiges Verständnis geeignet, breiteten sie sich aus; die Universitäten beherrschten nicht ohne Beschränktheit und Zwang die allgemeine Bildung. Um so leichter geschah es, daß die oberen Klassen der Gesellschaft allmählich davon minder berührt wurden und sich, wie gedacht, von französischen Richtungen hinreißen ließen. Seit der Mitte des Jahrhunderts aber begann eine neue Entwickelung des nationalen Geistes. Wir dürfen nicht vergessen, daß diese doch [S. 43] sehr von jenem Standpunkt ausging, obwohl sie in einem gewissen Gegensatze mit demselben begriffen war. Unbefriedigt, zwar noch festgehalten, aber nicht mehr so beschränkt von dem dogmatischen System, erhob sich der deutsche Geist zu einer poetischen Ergänzung desselben; die Religion ward endlich einmal wieder, und zwar, worauf alles ankommt, ohne Schwärmerei, in ihren menschlichen Beziehungen dem Gemüte nahe gebracht. In kühnen Versuchen ermannte sich die Philosophie zu einer neuen Erörterung des obersten Grundes aller Erkenntnis. Nebeneinander, an demselben Orte, wesentlich verschieden, aber nahe verwandt, traten die beiden Richtungen der deutschen Philosophie hervor, welche seitdem, die eine mehr anschauend, die andere mehr untersuchend, sich neben- und miteinander ausgebildet, sich angezogen und abgestoßen, aber nur zusammen die Fülle eines originalen Bewußtseins ausgedrückt haben. Kritik und Altertumskunde durchbrachen die Masse der Gelehrsamkeit und drangen bis zu lebendiger Anschauung hindurch. Mit einem Schlage dazu erweckt, von seiner Gründlichkeit und Reife unterstützt, entwickelte dann der Geist der Nation selbständig und frei versuchend eine poetische Literatur, durch die er eine umfassende, neue, obwohl noch in manchem inneren Konflikt begriffene, doch im ganzen übereinstimmende Weltansicht ausbildete und sich selber gegenüberstellte. Diese Literatur hatte dann die unschätzbare Eigenschaft, daß sie nicht mehr auf einen Teil der Nation beschränkt blieb, sondern sie ganz umfaßte, ja ihrer Einheit zuerst wieder eigentlich bewußt machte. Wenn nicht immer neue Generationen großer Poeten auf die alten folgen, so darf man sich nicht so sehr darüber wundern. Die großen Versuche sind gemacht und gelungen; es ist im Grunde gesagt, was man zu sagen hatte, und der wahre Geist verschmäht es, auf befahrenen, [S. 44] bequemen Wegen einherzuschreiten. Doch wurde das Werk des deutschen Genius noch bei weitem nicht vollendet; seine Aufgabe war, die positive Wissenschaft zu durchdringen; mancherlei Hindernisse haben sich ihm dabei entgegengestellt, die aus dem Gange seiner eigenen Bildung oder auch anderen Einwirkungen entsprangen; wir dürfen nun hoffen, daß er sie alle überwinden, zu einem vollkommneren Verständnis in sich selbst gelangen und alsdann zu unablässig neuer Hervorbringung fähig sein werde.

Jedoch ich halte inne, denn von der Politik wollte ich reden, obschon diese Dinge auf das genaueste zusammengehören und die wahre Politik nur von einem großen nationalen Dasein getragen werden kann. Soviel ist wohl gewiß, daß zu dem Selbstgefühl, von welchem dieser Schwung der Geister begleitet war, keine andere Erscheinung so viel beigetragen hat wie das Leben und der Ruhm Friedrichs II. Es gehört dazu, daß eine Nation sich selbständig fühle, wenn sie sich frei entwickeln soll; und nie hat eine Literatur geblüht, ohne durch die großen Momente der Historie vorbereitet gewesen zu sein. Aber seltsam war es, daß Friedrich selbst davon nichts wußte, kaum etwas ahnte. Er arbeitete an der Befreiung der Nation, die deutsche Literatur mit ihm; doch kannte er seine Verbündeten nicht. Sie kannten ihn wohl. Es machte die Deutschen stolz und kühn, daß ein Held aus ihnen hervorgegangen war.

Es war, wie wir sahen, ein Bedürfnis des siebzehnten Jahrhunderts, Frankreich einzuschränken. Auf welche alle Erwartung übersteigende Weise war dies jetzt geschehen! Man kann im Grunde nicht sagen, daß sich ein künstlich verwickeltes politisches System hierzu gebildet habe; was man so nennt, waren die Formen; das Wesen bestand darin, daß sich große Staaten aus eigener Kraft erhoben, daß [S. 45] neue nationale Selbständigkeiten in ursprünglicher Macht den Schauplatz der Welt eingenommen hatten. Österreich, katholisch-deutsch, militärisch-stabil, in sich selbst voll frischer, unversiegbarer Lebenskräfte, reich, eine für sich abgeschlossene Welt. Das griechisch-slawische Prinzip trat in Rußland mächtiger hervor, als es jemals in der Weltgeschichte geschehen; die europäischen Formen, die es annahm, waren weit entfernt, dies ursprüngliche Element zu erdrücken; sie durchdrangen es vielmehr, belebten es und riefen seine Kraft erst hervor. Wenn sich dann in England die germanisch-maritimen Interessen zu einer kolossalen Weltmacht entwickelten, die alle Meere beherrschte, vor der alle Erinnerungen früherer Seemächte zurücktraten, so fanden die deutsch-protestantischen den Anhalt, den sie lange gesucht, ihre Darstellung und ihren Ausdruck in Preußen. »Wenn man das Geheimnis auch wüßte,« sagt ein Dichter, »wer hätte den Mut, es auszusprechen?« Ich will mich nicht vermessen, den Charakter dieser Staaten in Worte zu fassen; doch sehen wir deutlich, daß sie auf Prinzipien gegründet sind, die aus den verschiedenen großen Entwickelungen früherer Jahrhunderte hervorgegangen waren, daß sie sich diesen analog in ursprünglichen Verschiedenheiten und mit abweichenden Verfassungen ausbildeten, daß sie großen Forderungen entsprachen, die gemäß der Natur der Dinge an die lebenden Geschlechter geschahen. In ihrem Aufkommen, ihrer Ausbildung, welche, wie sich versteht, nicht ohne mannigfaltige Umgestaltung innerer Verhältnisse erfolgen konnte, liegt das große Ereignis der hundert Jahre, die dem Ausbruch der Französischen Revolution vorhergingen.

[S. 46]

Französische Revolution

Hatte jenes Ereignis aber eine so unzweifelhaft für sich selber gültige Bedeutung, so ist doch nicht zu leugnen, daß eine Beschränkung von Frankreich damit erreicht war und daß dies Land die Erfolge der anderen als seine Verluste ansehen durfte. Auch war es ihnen immer lebhaft entgegengetreten. Wie oft suchte es früher die Fortschritte von Österreich in Ungarn und gegen die Türken aufzuhalten; wie oft mußten dann die besten Regimenter von der Donau, wo sie gegen die Türken standen, an den Rhein und wider die Franzosen abgerufen werden! Rußland hatte seinen Einfluß im Norden der französischen Politik abgewonnen. Als das Kabinett von Versailles innewurde, welche Stellung Preußen in der Welt einnahm und zu behaupten suchte, vergaß es seine amerikanischen Interessen, um diese Macht, ich sage nicht herabzubringen, sondern geradehin zu vernichten. Wie oft hatten die Franzosen die Jakobiten zu begünstigen, etwa einen Stuart nach England zu werfen, die alten Verhältnisse wiederherzustellen unternommen! Dafür bekamen sie denn auch, mochten sie mit Preußen wider Österreich oder mit Österreich wider Preußen stehen, allemal die Engländer zu Gegnern. Sie führten ihre Kriege auf dem festen Lande mit Verlusten zur See. Während des Siebenjährigen verloren sie, wie Chatham sagte, Amerika in Deutschland.

Und so stand Frankreich allerdings bei weitem nicht mehr so entschieden als der Mittelpunkt der europäischen Welt da, wie hundert Jahre früher. Es mußte die Teilung von Polen vor seinen Augen vollziehen lassen, ohne darum gefragt zu werden. Es mußte, was es tief empfand, gestatten, daß im Jahre 1772 eine englische Fregatte an der Reede [S. 47] von Toulon erschien, um über die stipulierte Entwaffnung der Flotte zu wachen. Selbst die kleineren unabhängigen Staaten, wie Portugal, die Schweiz, hatten anderen Einwirkungen Raum gegeben.

Zwar ist sogleich zu bemerken, daß das Übel nicht so schlimm war, wie man es oft vorgestellt hat; Frankreich behauptete doch seinen alten Einfluß auf die Türkei; durch den Familienvertrag hatte es Spanien an seine Politik gekettet; die spanischen Flotten, die Reichtümer der spanischen Kolonien standen zu seiner Verfügung; auch die übrigen bourbonischen Höfe, zu denen sich der Turiner beinahe mit rechnete, schlossen sich an Frankreich an; die französische Faktion siegte endlich in Schweden. Allein einer Nation, die sich mehr als jede andere in dem Schimmer einer allgemeinen Superiorität gefällt, war dies lange nicht genug. Sie fühlte nur den Verlust von Ansprüchen, die sie als Rechte betrachtete; sie bemerkte nur, was die anderen erobert, nicht was sie behauptet hatte; mit Unwillen sah sie so gewaltige, starke, wohlgegründete Mächte sich gegenüber, denen sie nicht gewachsen war.

Man hat so viel von den Ursachen der Revolution geredet und sie wohl auch da gesucht, wo sie nimmermehr zu finden sind. Eine der wichtigsten liegt meines Erachtens in diesem Wechsel der auswärtigen Verhältnisse, der die Regierung in tiefen Mißkredit gebracht hatte. Es ist wahr, sie wußte weder den Staat recht zu verwalten noch den Krieg gehörig zu führen; sie hatte die gefährlichsten Mißbräuche überhandnehmen lassen; und der Verfall ihres europäischen Ansehens war daher großenteils mit entsprungen. Aber die Franzosen schrieben ihrer Regierung auch alles das zu, was doch nur ein Werk der veränderten Weltstellung war. Sie lebten in der Erinnerung der Zeiten der Machtfülle Ludwigs XIV., [S. 48] und alle die Wirkungen, die daher rührten, daß sich andere Staaten mit frischen Kräften erhoben hatten, die sich einen Einfluß, wie man ihn früherhin ausgeübt, nicht mehr gefallen ließen, gaben sie der Unfähigkeit ihrer auswärtigen Politik und dem allerdings unleugbaren Verfall ihrer Zustände schuld.

Daher kam es, daß die Bewegungen von Frankreich, wenn sie auf der einen Seite einen reformatorischen Charakter hatten, der sich nur zu bald in einen revolutionären umsetzte, doch auch von allem Anfang eine Richtung gegen das Ausland nahmen.

Gleich der amerikanische Krieg entwickelte diese Doppelseitigkeit. Wenn man es nicht wüßte, so könnte man aus den Memoiren von Ségur sehen, aus welcher sonderbaren Mischung von Kriegslust und angeblicher Philosophie die Teilnahme der Jugend unter dem vornehmeren französischen Adel daran herkam. »Die Freiheit«, sagt Ségur, »stellte sich uns dar mit den Reizen des Ruhmes. Während die Reiferen die Gelegenheit wahrnahmen, ihre Grundsätze geltend zu machen und die willkürliche Gewalt zu beschränken, traten wir Jüngeren nur darum unter die Fahnen der Philosophie, um Krieg zu führen, um uns auszuzeichnen, um Ehrenstellen zu erwerben; aus ritterlicher Gesinnung wurden wir Philosophen.« Diese Jüngeren wurden das doch allmählich sehr im Ernst. Sonderbare Mischung. Indem sie England angriffen und ihren Ehrgeiz sein ließen, es zu schwächen, es seiner Kolonien zu berauben, war es doch besonders die Unabhängigkeit eines englischen Peers, die würdige Stellung eines Mitgliedes des Hauses der Gemeinen, was sie zu erlangen gewünscht hätten.

Dieser amerikanische Krieg wurde nun entscheidend; nicht so sehr durch eine Veränderung der allgemeinen Machtverhältnisse [S. 49] – denn wenn man die englischen Kolonien von dem Mutterlande losriß, so zeigte sich doch bald, daß dieses in sich selber so wohlbegründet war, um das nicht sehr zu empfinden; wenn sich die französische Marine wieder zu einem gewissen Ansehen erhob, so hatte England doch in den entscheidenden Schlachten den Sieg davongetragen und die Übermacht über seine vereinigten Nebenbuhler behauptet – als durch die indirekten Wirkungen, die er hervorbrachte.

Ich meine nicht allein das Emporkommen der republikanischen Neigungen, es gab noch eine unmittelbarere Folge.

Mit großem Ernste hatte sich Turgot dem Kriege widersetzt; nur in dem Frieden hoffte er die Finanzen, welche schon damals ein Defizit drückte, durch eine sparsame Haushaltung herzustellen und zugleich die erforderlichen Reformen durchzusetzen. Allein er hatte dem Strome der jugendlichen Begeisterung weichen müssen. Der Krieg war erklärt und mit überschwenglichen Kosten geführt worden. Necker hatte mit dem ganzen Talent eines Bankiers, das er in so hohem Grade besaß, neue Anleihen zu machen gewußt. Je höher sie aber aufliefen, desto mehr mußten sie das Defizit steigern. Schon im Jahre 1780 erklärte Vergennes dem König, der Zustand der Finanzen sei wahrhaft beunruhigend; er mache den Frieden, einen unverweilten Frieden notwendig. Indessen verzögerte sich der Friede noch, und erst nach Abschluß desselben ward man die Verwirrung recht inne. Man nimmt auch hier einen ausfallenden Gegensatz wahr. Nicht minder erschöpft und mit Schulden beladen ging England aus dem amerikanischen Kriege hervor. Aber während Pitt in England das Übel an der Wurzel angriff und das Vertrauen durch große Maßregeln wiederherstellte, gerieten die französischen Finanzen [S. 50] aus schwachen Händen in immer schwächere, unversuchtere und zugleich keckere, so daß das Übel von Monat zu Monat stieg und die Regierung wie in ihrer Konsistenz bedrohte, so um ihr ganzes Ansehen brachte.

Wie sehr wirkte dies auf die auswärtigen Verhältnisse zurück! Man hatte keine Wahl mehr; um jeden Preis mußte man den Krieg vermeiden. Lieber kaufte man z. B. die Forderungen, welche Österreich an Holland machte, durch eine Summe ab, zu der man trotz der schlechten Umstände, in denen man war, selber die Hälfte beitrug; wäre es auf Frankreich allein angekommen, so würde der Kaiser nicht gehindert worden sein, seine Absichten auf Bayern durchzusetzen. So enge sich die französische Regierung mit den sogenannten Patrioten von Holland vereinigt hatte, so mußte sie dieselben ruhig von Preußen überziehen, überwinden lassen. Sie kann darüber meines Erachtens nicht einmal sehr getadelt werden. Was wollte sie in dem Juli 1787, als die preußische Erklärung gegen Holland erschien, unternehmen, um die Ausführung derselben zu verhindern, da eben damals die Parlamente sich weigerten, die neuen Auflagen zu registrieren, ohne die man den Staat nicht weiter verwalten konnte, da bald darauf in jener berühmten Sitzung am 15. August die Grandchambre ihre Türen eröffnen ließ und der versammelten Menge erklärte, der König könne in Zukunft keine neuen Auflagen erheben, ohne zuvor die allgemeinen Stände zusammenberufen zu haben? In einem Augenblick, wo der ganze bisherige innere Zustand in Frage gestellt wurde, konnte man schwerlich Einfluß auf das Ausland ausüben. Und doch war dies ein sehr bedeutender Zeitpunkt. Eben damals entschlossen sich die beiden Kaiserhöfe zu ihrem Angriff auf die Türkei. Die Franzosen waren nicht imstande, ihren alten Verbündeten [S. 51] Hilfe zu leisten, und wenn diese nicht untergehen wollten, so mußten sie Hilfe bei England und Preußen nachsuchen.

Allerdings eine Unbedeutendheit, Nichtigkeit der auswärtigen Politik von Frankreich, die weder den natürlichen Ansprüchen dieses Landes angemessen war, noch auch den Interessen von Europa überhaupt entsprach. Kam sie, wie nicht zu leugnen, von der inneren Verwirrung her, so wurde diese hinwiederum dadurch außerordentlich vermehrt. Die Politik des Erzbischofs von Brienne erfuhr den heftigsten und allgemeinsten Tadel. Er ward der Feigheit und selbst der Treulosigkeit angeklagt, weil er Holland nicht unterstützt und diese Gelegenheit, den militärischen Ruf der Franzosen auch zu Lande wiederherzustellen, versäumt habe; man fand die französische Ehre hierdurch auf eine Weise beschimpft, daß sie nur durch Ströme von Blut wieder rein gewaschen werden könne.

Wie übertrieben das nun auch lautet, so kann man doch das Gefühl nicht tadeln, das dieser Unzufriedenheit zugrunde lag. Das Nationalbewußtsein eines großen Volkes fordert eine angemessene Stellung in Europa. Die auswärtigen Verhältnisse bilden ein Reich nicht der Konvenienz, sondern der wesentlichen Macht; und das Ansehen eines Staates wird immer dem Grade entsprechen, auf welchem die Entwickelung seiner inneren Kräfte steht. Eine jede Nation wird es empfinden, wenn sie sich nicht an der ihr gebührenden Stelle erblickt; wie viel mehr die französische, die so oft den sonderbaren Anspruch erhoben hat, vorzugsweise die große Nation zu sein!

Ich will nicht auf die Mannigfaltigkeit der Ursachen eingehen, durch welche es zu der furchtbaren Entwickelung der Französischen Revolution kam. Ich will nur in Erinnerung [S. 52] bringen, daß der Verfall der auswärtigen Verhältnisse vielen Anteil daran hatte. Man braucht nur daran zu denken, welche Rolle eine österreichische Prinzessin, die unglückliche Königin, auf die der ganze Haß fiel, den diese Nation seit so langer Zeit dem Hause Österreich gewidmet hatte, dabei spielte, welche unseligen Auftritte das Trugbild eines österreichischen Ausschusses veranlaßt hat. Nicht genug, daß die Franzosen sahen, sie hätten den alten Einfluß auf die Nachbarn verloren; sie überredeten sich sogar, daß das Ausland geheimen und starken Einfluß auf ihren Staat ausübe; in allen Maßregeln der inneren Verwaltung glaubten sie denselben wahrzunehmen; eben dies entflammte dann die allgemeine Entrüstung, die Gärung und Wut der Menge.

Halten wir an diesem Gesichtspunkt der auswärtigen Verhältnisse fest, so können wir von der Revolution folgende Ansicht fassen.

Allenthalben hatte man, um zur Ausbildung einer größeren Macht zu gelangen, die nationalen Kräfte auf eine ungewohnte Weise zusammengenommen; dazu hatte man viele Hindernisse, die in den inneren Verhältnissen lagen, wegräumen müssen und nicht selten die alten Berechtigungen angetastet; es war dies in den verschiedenen Ländern bald mit mehr, bald mit weniger Bedacht und Erfolg geschehen. Ein sehr unterrichtendes, lebensvolles Buch müßte es geben, wenn man darzustellen wüßte, wie dies allenthalben versucht wurde, mehr oder minder gelang, wohin es führte; endlich unternahm man es auch in Frankreich. Es ist so viel auf die absolute Gewalt früherer französischer Könige gescholten worden; die Wahrheit ist, daß sich dieselbe zwar noch in einigen Willkürlichkeiten äußerte, in der Hauptsache dagegen ungemein verfallen war. Als die Regierung jenen [S. 53] Versuch machte, war sie schon zu schwach, um ihn durchzusetzen; sie machte ihn auch mit unsicheren Händen; den Widerstand der privilegierten Stände vermochte sie nicht zu besiegen; hierüber rief sie den dritten Stand – die Gewalt der demokratischen Ideen, die sich schon der öffentlichen Meinung zu bemächtigen angefangen – zu Hilfe. Ein Bundesgenosse aber, der ihr bei weitem zu stark war. Indem sie schwankte, sowie sie seine Kräfte erkannte, die Bahn verließ, die sie eingeschlagen, zu denen zurücktrat, welche sie angreifen wollte, eben die beleidigte, die sie zu Hilfe gerufen hatte, forderte sie alle politischen Leidenschaften heraus, setzte sie sich mit den Überzeugungen und der Richtung des Jahrhunderts, ja mit ihrer eigenen Tendenz in Kampf und brachte eine Bewegung hervor, in welcher der dritte Stand, oder vielmehr das in demselben und um ihn her entwickelte Element der Empörung, in gigantischem Fortschritt nicht allein die privilegierten Stände, die Aristokratie, sondern König und Thron selber umstürzte und den ganzen alten Staat vernichtete.

Ein Unternehmen, wie es zwar keineswegs alle, aber doch einige andere Regierungen verstärkt und befestigt hatte, riß dergestalt durch die Entwickelung, die es nahm, durch die Folgen, die es hatte, die französische in ihr Verderben.

Nur wenn man hier und da glaubte, daß in diesem großen Ruin die Macht und äußere Bedeutung von Frankreich vollends zugrunde gehen müßten, hatte man sich geirrt. So stark waren die Tendenzen zur Herstellung der alten Macht, daß sie selbst unter so furchtbaren Umständen nicht allein nicht aus den Augen verloren, sondern auf eine Weise, wie sie noch nie dagewesen, über die Analogie anderer Staaten weit hinaus durchgesetzt wurden. Waren anderwärts die bestehenden mittleren Gewalten in ihrer Unabhängigkeit [S. 54] beschränkt, zu größerem Anteil an den allgemeinen Anstrengungen genötigt worden, so wurden sie hier geradezu vernichtet. Adel und

Geistlichkeit wurden nicht allein ihrer Vorrechte, sondern im Laufe der Ereignisse selbst ihrer Besitztümer beraubt; welch eine Konfiskation im größten Stil, in der ungeheuerlichsten Ausdehnung! Wie kehrten sich die Ideen, die Europa als heilbringend, menschlich, befreiend begrüßt hatte, vor seinen Augen plötzlich in den Greuel der Verwüstung um! Das vulkanische Feuer, von dem man eine nährende, belebende Erwärmung des Bodens erwartet hatte, ergoß sich in furchtbaren Ausbrüchen über denselben hin. Mitten in dieser Zertrümmerung aber ließen die Franzosen das Prinzip der Einheit doch niemals fallen. Um wie viel mächtiger als bisher erschien eben in der Verwirrung der Revolutionsjahre Frankreich den europäischen Staaten gegenüber! Man kann sagen: jene gewaltige Explosion aller Kräfte setzte sich nach außen fort. Zwischen dem alten und dem neuen Frankreich war dasselbe Verhältnis, wie zwischen der zwar lebhaften und von Natur tapferen, aber an das Hofleben gewöhnten, mit einem oft kleinlichen Ehrgeiz behafteten, feinen, wollüstigen Aristokratie, die den alten Staat leitete, und den wilden, gewaltsamen, von wenig Gedanken berauschten, blutbefleckten Jakobinern, die den neuen beherrschten. Da vermöge des bisherigen Ganges der Dinge zwar nicht eine ganz gleiche Aristokratie wie jene, aber doch eine ähnliche an der Spitze der übrigen Staaten stand, so war es kein Wunder, wenn die Jakobiner in jener wilden Anspannung aller Kräfte das Übergewicht an sich brachten. Es bedurfte nur des ersten, durch ein Zusammentreffen unerwarteter Umstände davongetragenen Sieges, um den revolutionären Enthusiasmus zu erwecken, der hierauf die [S. 55] Nation ergriff und eine Zeitlang das Prinzip ihres Lebens wurde.

Nun kann man zwar nicht sagen, daß Frankreich hierdurch an und für sich stärker geworden sei, als die übrigen großen Mächte zusammengenommen oder auch nur als seine nächsten Nachbarn, wenn sie sich vereinigt hielten. Man kennt hinlänglich die Fehler der Politik und der Kriegführung, die einen für diese so ungünstigen Erfolg hervorbrachten. Sie konnten sich ihrer bisherigen Eifersucht nicht sogleich entwöhnen. Selbst die einseitige Koalition von 1799 hatte Italien zu befreien und eine sehr gewaltige militärische Stellung einzunehmen gewußt, als ein unglücklicher Zwiespalt sie trennte. Allein geleugnet werden kann es nicht, daß der französische Staat, mitten im Kampfe mit Europa gebildet, auf denselben berechnet, durch die Zentralisation aller Kräfte, die er möglich machte, den einzelnen Kontinentalmächten überlegen wurde. Indem es immer das Ansehen gehabt, als suche man dort die Freiheit, war man von Revolution zu Revolution Schritt für Schritt zu dem Militärdespotismus gelangt, der die Ausbildung der anderweiten militärischen Systeme, so groß sie auch waren, weit überbot. Der glückliche General setzte sich die Kaiserkrone auf; alle disponiblen Kräfte der Nation hatte er jeden Augenblick ins Feld zu werfen die Macht. Auf diesem Wege kehrte dann Frankreich zu seinem Übergewichte zurück. Es gelang ihm, England von dem Kontinent auszuschließen, in wiederholten

Kriegen Österreich seiner ältesten Provinzen in Deutschland und Italien zu berauben, das Heer und die Monarchie Friedrichs II. umzuwerfen, Rußland selbst zur Fügsamkeit zu nötigen und endlich in die inneren Provinzen bis zu der alten Hauptstadt desselben vorzudringen. Für den französischen Kaiser bedurfte es nur des Kampfes mit [S. 56] diesen Mächten, um zugleich über das südliche und mittlere Europa, einen großen Teil von Deutschland nicht ausgeschlossen, eine unmittelbare Herrschaft zu gründen. Wie war hierdurch alles, was zu Ludwigs XIV. Zeiten geschehen, so weit übertroffen! Wie war die alte Freiheit von Europa so tief gebeugt! Europa schien in Frankreich untergehen zu wollen. Jene Universalmonarchie, von der man sonst nur die entfernte Gefahr gesehen, war beinahe realisiert!

Wiederherstellung

Sollten aber die energischen Gewalten, welche in den großen Mächten hervorgetreten waren, so mit einem Mal erstickt und vernichtet sein?

Der Krieg, sagt Heraklit, ist der Vater der Dinge. Aus dem Zusammentreffen entgegengesetzter Kräfte, in den großen Momenten der Gefahr – Unglück, Erhebung, Rettung – gehen die neuen Entwickelungen am entschiedensten hervor.

Frankreich war nur dadurch zu seiner Übermacht gelangt, daß es mitten in seiner wilden Bewegung das Gemeingefühl der Nation lebhafter als je zu erhalten, die nationalen Kräfte in einer so ungemeinen Ausdehnung zu dem einzigen Zweck des Krieges anzustrengen gewußt hatte.

Wollte man ihm widerstehen oder je diese Übermacht noch einmal zu brechen die Hoffnung fassen dürfen, so war da nicht mit Mitteln auszureichen, wie sie bisher genügt hatten; selbst eine Verbesserung der Militärverfassung allein hätte noch nicht geholfen; es gehörte eine gründlichere Erneuerung dazu, um alle Kräfte zusammenzunehmen, in deren Besitz man sein mochte; man mußte sich entschließen, jene schlummernden Geister der Nationen, von denen bisher das Leben [S. 57] mehr unbewußt getragen worden, zu selbstbewußter Tätigkeit aufzuwecken.

Es müßte eine herrliche Arbeit sein, dieser Verjüngung des nationalen Geistes in dem ganzen Umfange der europäischen Völker und Staaten nachzuforschen, die Ereignisse zu bemerken, die ihn wieder erweckten, die Zeichen, die seine erste Erhebung ankündigten, die Mannigfaltigkeit der Bewegungen und Institutionen, in denen er sich allenthalben aussprach, die Taten endlich, in denen er siegreich hervortrat. Doch ist dies ein so weit aussehendes Unternehmen, daß wir es hier auch nicht einmal berühren könnten.

Gewiß ist, daß man erst dann mit einiger Aussicht auf Erfolg zu streiten anfing – 1809 –, als man hierin der Forderung des Weltgeschickes ein Genüge zu leisten begann. Als in wohlgeordneten Reichen ganze Einwohnerschaften ihre althergebrachten Wohnsitze, an die sie selbst die Religion knüpfte, verließen und sie den Flammen preisgaben, – als große Bevölkerungen, von jeher an ein friedlich bürgerliches Leben gewöhnt, Mann bei Mann zu den Waffen griffen, – als man zugleich des ererbten Haders endlich wirklich vergaß und sich ernstlich vereinigte, – erst da, nicht eher gelang es, den Feind zu schlagen, die alte Freiheit herzustellen und Frankreich in seine Grenzen einzuschließen, den übergetretenen Strom in sein Bette zurückzutreiben.

Wenn es das Ereignis der letzten hundert Jahre vor der Französischen Revolution war, daß die großen Staaten sich erhoben, um die Unabhängigkeit von Europa zu verfechten, so ist es das Ereignis der seitdem verflossenen Periode, daß die Nationalitäten selbst sich verjüngt, erfrischt und neu entwickelt haben. Sie sind in den Staat mit dem Bewußtsein eingetreten, er würde ohne sie nicht bestehen können.

[S. 58] Man ist fast allgemein der Ansicht, unsere Zeit habe nur die Tendenz, die Kraft der Auflösung. Ihre Bedeutung sei eben nur, daß sie den zusammenhaltenden, fesselnden Institutionen, die aus dem Mittelalter übrig, ein Ende mache; dahin schreite sie mit der Sicherheit eines eingepflanzten Triebes vorwärts; das sei das Resultat aller großen Ereignisse, Entdeckungen, der gesamten Kultur; ebendaher komme aber auch die unwiderstehliche Hinneigung, die sie zu demokratischen Ideen und Einrichtungen entwickele; und diese bringe dann alle die großen Veränderungen, deren Zeuge wir sind, mit Notwendigkeit hervor. Es sei eine allgemeine Bewegung, in der Frankreich den anderen Ländern vorangehe. Eine Meinung, die freilich nur zu den traurigsten Aussichten führen kann. Wir denken indes, daß sie sich gegen die Wahrheit der Tatsachen nicht zu halten vermögen wird.

Weit entfernt, sich bloß in Verneinungen zu gefallen, hat unser Jahrhundert die positivsten Ergebnisse hervorgebracht; es hat eine große Befreiung vollzogen, aber nicht so durchaus im Sinne der Auflösung; vielmehr diente ihr dieselbe, aufzubauen, zusammenzuhalten. Nicht genug, daß es die großen Mächte allererst ins Leben gerufen; es hat auch das Prinzip aller Staaten, Religion und Recht, es hat das Prinzip eines jeden insbesondere lebendig erneuert.

Eben darin liegt das Charakteristische unserer Tage.

In den meisten Epochen der Welthistorie sind es religiöse Verbindungen gewesen, was die Völker zusammengehalten hat. Doch hat es zuweilen auch andere gegeben, die man mit der unseren eher vergleichen kann, in denen mehrere größere, durch ein politisches System verknüpfte Königreiche und freie Staaten nebeneinander bestanden. Ich will nur die Periode der mazedonisch-griechischen Königreiche [S. 59] nach Alexander erwähnen. Sie bietet manche Ähnlichkeit mit der unsrigen dar: eine sehr weit gediehene gemeinschaftliche Kultur, militärische Ausbildung, Wirkung und Gegenwirkung verwickelter auswärtiger Verhältnisse; große Bedeutung der Handelsinteressen, der Finanzen, Wetteifer der Industrie, Blüte der exakten, mit der Mathematik zusammenhängenden Wissenschaften. Allein jene Staaten, hervorgegangen aus der Unternehmung eines Eroberers und der Entzweiung seiner Nachfolger, hatten keine besonderen Prinzipien ihres Daseins weder gehabt noch sich anzubilden vermocht. Auf Soldaten und Geld beruhten sie. Eben darum wurden sie auch so bald aufgelöst, verschwanden sie zuletzt völlig. Man hat oft gefragt, wie Rom sie so rasch, so vollkommen bezwingen konnte. Es geschah darum, weil Rom, wenigstens solange es Feinde von Bedeutung hatte, mit bewunderungswürdiger Strenge an seinem Prinzipe festhielt. Auch bei uns schien es wohl, als sei nur noch der Umfang der Besitzungen, die Macht der Truppen, die Größe des Schatzes und ein gewisser Anteil an der allgemeinen Kultur für den Staat von Wert. Wenn es je Ereignisse gegeben hat, geeignet, einen solchen Irrtum zu zertrümmern, so sind es die Ereignisse unserer Zeit gewesen. Sie haben die Bedeutung der moralischen Kraft, der Nationalität für den Staat endlich einmal wieder zur Anschauung in das allgemeine Bewußtsein gebracht. Was wäre aus unseren Staaten geworden, hätten sie nicht neues Leben aus dem nationalen Prinzip, auf das sie gegründet waren, empfangen. Es wird sich keiner überreden, er könne ohne dasselbe bestehen.

Nicht ein solch zufälliges Durcheinanderstürmen, Übereinanderherfallen, Nacheinanderfolgen der Staaten und Völker bietet die Weltgeschichte dar, wie es beim ersten [S. 60] Blicke wohl aussieht. Auch ist die oft so zweifelhafte Förderung der Kultur nicht ihr einziger Inhalt. Es sind Kräfte, und zwar geistige, Leben hervorbringende, schöpferische Kräfte, selber Leben, es sind moralische Energien, die wir in ihrer Entwickelung erblicken. Zu definieren, unter Abstraktionen zu bringen sind sie nicht; aber anschauen, wahrnehmen kann man sie; ein Mitgefühl ihres Daseins kann man sich erzeugen. Sie blühen auf, nehmen die Welt ein, treten heraus in dem mannigfaltigsten Ausdruck, bestreiten, beschränken, überwältigen einander; in ihrer Wechselwirkung und Aufeinanderfolge, in ihrem Leben, ihrem Vergehen oder ihrer Wiederbelebung, die dann immer größere Fülle, höhere Bedeutung, weiteren Umfang in sich schließt, liegt das Geheimnis der Weltgeschichte.

[Schlußworte nach dem Texte der Historisch-politischen Zeitschrift 2. Band, 1833]

Sind wir nun von einer geistigen Gewalt angegriffen, so müssen wir ihr geistige Kräfte entgegensetzen. Dem Übergewichte, das eine andere Nation über uns zu bekommen droht, können wir nur durch die Entwickelung unsrer eigenen Nationalität begegnen. Ich meine nicht einer erdachten, chimärischen, sondern der wesentlichen, vorhandenen, in dem Staate ausgesprochenen Nationalität.

Wie aber, wird man mir erwidern, ist nicht die Welt gerade in der Ausbildung einer immer engern Gemeinschaft begriffen? Würde nicht diese Richtung, die sie genommen, durch den Gegensatz der Völker und Volkstümlichkeiten, der Staaten und ihrer Prinzipien gehindert, eingeengt werden?

Es verhält sich damit, wenn ich mich nicht täusche, wie mit der Literatur. Nicht damals hat man von einer Weltliteratur geredet, als die französische Europa beherrschte; erst seitdem ist diese Idee gefaßt, ausgesprochen und verbreitet worden, seit die meisten Hauptvölker von Europa ihre eigene Literatur selbständig [S. 61] und oft genug im Gegensatz miteinander entwickelt haben. Ist es mir erlaubt, ein kleines Verhältnis mit den großen zu vergleichen, so möchte ich daran erinnern, daß nicht diejenige Gesellschaft Genuß und Förderung gewährt, wo einer das Wort führt und die Unterhaltung leitet, noch auch die, wo alle auf gleicher Stufe oder, wenn man will, in gleicher Mittelmäßigkeit nur immer dasselbe sagen. Da erst fühlt man sich wohl, wo sich mannigfaltige Eigentümlichkeiten, in sich selber rein ausgebildet, in einem höhern Gemeinsamen begegnen, ja wo sie dies, indem sie einander lebendig berühren und ergänzen, in dem Momente hervorbringen. Es würde nur eine leidige Langeweile geben, wenn die verschiedenen Literaturen ihre Eigentümlichkeit vermischen, verschmelzen sollten. Nein! die Verbindung aller beruht auf der Selbständigkeit einer jeden. Auf das lebendigste und immerfort können sie einander berühren, ohne daß doch eine die andere übermeistere und in ihrem Wesen beeinträchtige.

Nicht anders verhält es sich mit den Staaten, den Nationen. Entschiedenes positives Vorwalten einer einzigen würde den andern zum Verderben gereichen. Eine Vermischung aller würde das Wesen einer jeden vernichten. Aus Sonderung und reiner Ausbildung wird die wahre Harmonie hervorgehen.

Fußnote

[1] Historisch-politische Zeitschrift II. Band. 1833.